Geschichte Afrikas

Walter Schicho

GESCHICHTE AFRIKAS

THEISS WISSENKOMPAKT

Inhalt

■ »Diesseits von Atlantis«: die Geschichte Afrikas von den Ursprüngen bis ins 15. Jahrhundert

9   **Afrika: Kontinent ohne Geschichte?**

11   Von der Schwierigkeit, afrikanische Geschichte zu schreiben

12   Über die Geschichte der anderen verfügen

13   ■ *Die Cahiers du Centenaire de l'Algérie*

14   Diesseits von Atlantis oder eine andere Geschichte für eine andere Welt

15   **Vom Ursprung der Menschheit und der europäischen Sicht auf Afrika**

15   Afrika – Vielfalt und Größe

17   »Out of Africa« – die erste Globalisierung?

19   **Die Differenzierung afrikanischer Gesellschaften und die alten Hochkulturen**

19   Von der Steinzeit zur Eisenindustrie

22   ■ *Eisenverarbeitung*

23   Der östliche Mittelmeerraum und das Niltal

25   Die Phönizier und das griechisch-römische Nordafrika

27   Das christliche Nordostafrika

29   **Große Reiche, Dorfrepubliken und die Ausbreitung des Islam**

29   Die arabische Expansion und die Islamisierung Nordafrikas

32   Die Reiche im Sudan

35   Die Stadtstaaten an der Küste Ostafrikas und der Indische Ozean

37   Das zentral- und südafrikanische Hinterland

38   ■ *Der Mythos vom Kulturbringer aus dem Norden*

■ Das »atlantische Zeitalter« – Afrika vom 15.–19. Jahrhundert

41   **Die Staaten Afrikas und die europäischen »Entdeckungen«**

41   Westafrikas Küste und Hinterland

44   Portugals Aufbruch nach Asien und die Königreiche Zentralafrikas

47   Portugiesische Expansion und die Veränderungen im Indischen Ozean

48 Zentrales und südliches Afrika: Bauern, Hirten und Kolonisten

50 ▓ *Die Buren*

52 Nordafrika unter osmanischer Herrschaft

54 **Afrikas wirtschaftliche Rolle in einem neu entstehenden Weltsystem**

54 Der Sklavenhandel – seine Bedeutung für Afrika und die Entstehung einer globalen Ökonomie

56 ▓ *Der Sklavenhandel und seine Folgen*

58 Von der Aufhebung der Sklaverei zum legitimen Handel

60 Warenproduktion, Rohstoffe und neue Technologien

61 Missionare, Spekulanten und »Entdeckungsreisende«: Pioniere des Imperialismus

64 **Das afrikanische 19. Jahrhundert: Fragmentierung und Modernisierung**

64 Westafrika: politischer Islam, Militärstaaten und eine bürgerliche Elite

66 Ostafrika und der Indische Ozean: Kreolisierung und gesellschaftliche Differenz

69 Nordafrika: Modernisierung und Widerstand

71 **Das koloniale 19. Jahrhundert: die Aufteilung eines Kontinents**

71 Die Vorbereitung: Brückenköpfe bauen, Zwietracht säen und Wege öffnen

72 Die Durchführung: die vertragliche und militärische Landnahme

74 ▓ *Die Gründung Liberias*

75 Die Berliner Kongo-Konferenz: die Verrechtlichung des Unrechts

▓ **Afrikas erste Kolonisierung (1884–1960): die direkte Fremdherrschaft**

77 **Koloniale Landverteilung**

79 **Die Konsolidierung der kolonialen Reiche: 1885–1930**

79 Die Durchsetzung kolonialer Herrschaft

80 ▓ *Aufstieg und Fall der kolonialen Imperien*

84 Die Ablösung militärischer Gewalt durch eine Zivilverwaltung

84 Die Konzentration der kolonialen Wirtschaft

85 Wirtschaftliche und gesellschaftliche Regionalisierung

86   ■ *Cecil Rhodes und die British South African Company*

89   Die »duale Gesellschaft«: Prozesse der Modernisierung und der Ausgrenzung

93   **Die Schaffung eines kolonialen Entwicklungsstaates und die Überwindung der Wirtschaftskrise (1918–1945)**

93   Koloniale Wirtschaftsplanung

95   Die Weltwirtschaftskrise

96   Die Folgen der Krise

98   Die wirtschaftliche und gesellschaftliche Erholung

99   Der Zweite Weltkrieg

100   **Politische Herrschaft und afrikanischer Nationalismus**

101   Die politische Landschaft zu Beginn der hochkolonialen Periode

102   ■ *Afrikas »Beitrag« zum Zweiten Weltkrieg*

107   Soziale Organisation und Widerstand in der breiten Bevölkerung

104   Der verhaltene Aufstieg der Eliten

105   Soziale Organisation und Widerstand in der breiten Bevölkerung

108   Der Weltkrieg und die enttäuschte Hoffnung auf Unabhängigkeit

109   **Die Wende: vom Zweiten Weltkrieg zur Unabhängigkeit**

110   Die Neuordnung der Imperien

113   Vom Kolonialismus zum Neokolonialismus: Frankreichs Bemühungen um den Erhalt der Weltmachtgeltung

114   ■ *Parteienbildung in der französischen Union*

116   Vom Empire zum Commonwealth: das Ende der britischen Weltherrschaft

118   Die Unabhängigkeiten

■■   **Die Unabhängigkeiten und die dritte Kolonisierung Afrikas**

123   **Enttäuschte Hoffnung: die gesellschaftliche Entwicklung der neuen Staaten Afrikas bis in die 1980er Jahre**

123   Politische Konzepte

124   ■ *Die neuen Staaten Afrikas und das Weltsystem*

127   Die Unabhängigkeit, der Staat und die »kleinen Leute«

129   Schule und Bildung

131 Arbeit und Urbanisierung

132 Die ländliche Bevölkerung

134 ▦ *Tunesiens Landreform*

135 **Die Wende zum totalitären Staat: die politischen
Veränderungen bis in die 1980er Jahre**

135 Das koloniale Erbe

136 Staat, Bürokratie und Zivilgesellschaft

138 Die Verwandlung

140 Der Staatschef

141 Demokratische Kontinuität und frühe »Redemokratisierung«

142 ▦ *Republik Senegal*

145 **Wirtschaftliche Abhängigkeit: das neokoloniale Afrika**

145 Die wirtschaftlichen Grundlagen der neuen Staaten Afrikas

146 Staat, Markt und Weltwirtschaft

148 Landwirtschaft

150 Bergbau

152 Industrie, Handel und Infrastruktur

154 **Befreiungskriege, Militärregime und die »dritte
Kolonisierung« durch die global players (1965–1990)**

154 Bürgerkriege und Sezession

156 Befreiungskriege

158 Militärregime

161 Revolutionäre Konzepte für eine »Dritte Welt«

163 Schuldenkrise, Strukturanpassung und die »dritte Kolonisierung«

165 **Demokratisierung, Krisen- und Katastrophenbewältigung sowie
wirtschaftliche Erholung (1990 bis zur Gegenwart)**

165 Das Jahrzehnt der Anarchie

167 ▦ *Stellvertreterkrieg im Ostkongo*

168 Hoffnung auf eine neue Wende: Zivilgesellschaft, Demokratie und
Enwicklung

170 Afrika global – regional – lokal

172 Literatur

177 Register

182 Bildnachweis, Impressum

»Diesseits von Atlantis«: die Geschichte Afrikas von den Ursprüngen bis ins 15. Jahrhundert

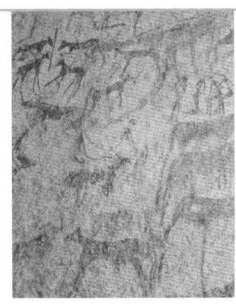

Geschichte und Geschichten – im Englischen werden Nähe und Verschiedenheit der beiden Begriffe noch deutlicher sichtbar: history und story sind schwer voneinander zu trennen. Dies hat für das Erzählen afrikanischer Geschichte auf mehrfache Weise Bedeutung.

Oben: Das Bergmassiv Jebel Ouenat liegt im Grenzgebiet von Lybien, Sudan und Ägypten. Seit der Entdeckung der an archäologischen Zeugnissen reichen Fundstätte durch den ägyptischen Forscher Ahmed Hassanein 1923 haben zahlreiche Expeditionen, das prähistorische Kulturerbe dokumentiert. Die meisten Felsbilder und Artefakte stammen aus der Periode 10000 bis 5000 v. Chr.

Afrika: Kontinent ohne Geschichte?

Aus der Sicht des Historismus, der im 19. und auch noch im 20. Jahrhundert die Geschichtsschreibung bestimmte, galt es, Geschichte zu schreiben, »wie es wirklich gewesen ist« (Leopold von Ranke) und dafür Dokumente heranzuziehen, den Berichten der Zeitzeugen und Chronisten aber zu misstrauen.

Damit verloren die Historiker und Erzähler von einst die Wichtigkeit, die sie bis dahin für die Darstellung der Welt gehabt hatten. Das betraf den Griechen Herodot ebenso wie den ägyptisch-griechischen Verfasser des *Periplus*, einer Beschreibung des eritreischen Meeres aus dem 1. Jahrhundert, oder den Portugiesen Gomes Eanes de Azurara, der mit seinen Chroniken ein Lob auf Heinrich den Seefahrer schrieb.

Der Forderung nach Dokumenten und Fakten hielten auch die Verfasser von Weltbeschreibungen, wie der tunesische Chronist Ibn Khaldoun (1332–1406) oder der niederländische Geograph Olfert Dapper (1635–1689) nicht stand, ebenso nicht die großen Erzähler wie Homer, Vergil oder

Links: Seit 1928 nahe der Ortschaft Nok in einer Zinnmine die erste Figur aus gebranntem Ton gefunden wurde, beschäftigt sich die Archäologie mit dem Erbe der sogenannten Nok-Kultur. Das Ausbreitungsgebiet der Nok-Kultur umfasst etwa 100 000 km². Die Funde werden zwischen 500 v. Chr. und 200 n. Chr. datiert.

Vom Text des »Periplus Maris Erythraei« »die Befahrung der Küsten des Roten Meeres« existieren verschiedene alte Abschriften, so dass wir genaue Kenntnis der dort beschriebenen Häfen und Handelsgüter haben. Dieser Versuch einer Kartendarstellung stammt aus dem 17. Jh., gibt jedoch den Wissensstand des 1. Jh. recht gut wieder.

Wolfram von Eschenbach. Dessen Parzival zeigt uns heute recht deutlich, wie das mittelalterliche Europa den Orient und die »Mohren« sah.

Am allerwenigsten fand das Wissen der afrikanischen Erzähler Eingang in diese Geschichte, die Texte der *griots*, der afrikanischen Sänger von Preisliedern, und der Bewahrer von Traditionen, wie wir sie von den Höfen westafrikanischer Königreiche her kennen.

Für die afrikanische Geschichte, deren Darstellung bis ins 18. Jahrhundert neben den archäologischen Befunden auf die Chronisten, Weltbeschreibungen und mündliche Überlieferungen angewiesen war, bedeutete eine Reduktion auf durch (schriftliche) Dokumente belegte Fakten vorerst das Ende. Afrika war aus der Sicht des europäischen 19. Jahrhunderts ein geschichtsloser Kontinent; das galt umso mehr, je weiter man sich dabei von der Küste des Mittelmeers nach Süden bewegte. Am deutlichsten formulierte dies Georg Wilhelm Friedrich Hegel in seinen *Vorlesungen zur Philosophie der Weltgeschichte:* »So verlassen wir hiermit Afrika, um seiner künftig keine Erwähnung mehr zu tun. Denn es hat keine Geschichte.«

Der afroamerikanische Kulturwissenschaftler Molefi Kete Asante schrieb in seiner 2007 veröffentlichten Geschichte Afrikas: »Was mich bei meiner Forschungsarbeit fesselte, war der **Reichtum an indigenem Wissen**, afrikanischen Denkmustern und überkommenen Anschauungen, die die Geschichtsdarstellung Afrikas in Europa und den USA einfach nicht beachtete. Zu vieles von der afrikanischen Geschichtsschreibung war eine Beschreibung Afrikas für Europa, statt für Afrika, als Afrika, und aus afrikanischer Perspektive.«

Hegels und Rankes Argumente waren so wirksam, dass noch Mitte des 20. Jahrhunderts der deutsche Afrikanist Diedrich Westermann seine Einleitung zur ersten *Geschichte Afrikas* in deutscher Sprache mit der Frage begann: »Sind die Völker Afrikas einer geschichtlichen Betrachtung unzugänglich, weil sie geschichtslos sind?« Und obwohl er die Hegelsche Position zurückweisen musste, schon um das eigene Buchprojekt nicht zu gefährden, blieb doch eine Menge davon erhalten. Nicht zuletzt sah er in der »Geschichte der Naturvölker« einen Gegenstand für die Völkerkunde, während die »europäische Kulturgemeinschaft« den Geschichtswissenschaften vorbehalten blieb.

Von der Schwierigkeit, afrikanische Geschichte zu schreiben

Eine Geschichte Afrikas zu schreiben, stellt den Verfasser in mehr als einer Hinsicht vor Probleme. Zum einen ist die Quellenlage komplizierter als bei einer Darstellung Europas, vor allem die archäologischen Quellen sind erst in geringem Umfang zugänglich. Zweitens verleitet der Blick »von Oben« dazu, einen riesigen Kontinent mit einer Vielfalt von Gesellschaften und Geschichten über einen Kamm zu scheren, ihn noch dazu auf »Afrika südlich der Sahara« oder gar das »schwarze Afrika« zu reduzieren.

Drittens gilt es die Erkenntnis zu berücksichtigen, dass wir – entgegen der Behauptung Leopold von Rankes, einem der Begründer der modernen Geschichtswissenschaft – Geschichte nicht schreiben können »wie es gewesen ist«, sondern nur »wie sie ist«. Aktuelle Interessen und unterschiedliche Wissensstände bestimmen die jeweilige Darstellung. Wie unsere eigenen Geschichten werden und wurden Afrikas Geschichten immer wieder umgeschrieben.

Die Geschichtsschreibung des 19. Jahrhunderts war eine des europäischen Imperialismus; mit der Inbesitznahme des Kontinents wurde daraus eine koloniale Geschichtsschreibung im Dienste der Metropolen. Erst mit den 1950er Jahren begann neben den eurozentristischen und kolonialen Geschichtserzählungen auch eine Geschichtsschreibung sichtbar zu werden, die Afrika aus einer afrikanischen Perspektive zu fassen vermochte.

Wir müssen uns nicht die extreme Position der Postmoderne zu eigen machen, nach der die Realität der Vergangenheit nicht entdeckt, sondern durch den Historiker, durch seine Erzählung, geschaffen wird, um die

Haltlosigkeit von Rankes »eynen Geschichte« bestätigt zu sehen; es steht außer Zweifel, dass sehr unterschiedliche Geschichten neben und nacheinander existieren, die geprägt sind von den Absichten der Erzähler, ihren Perspektiven und vom Kontext, in dem sie entstanden sind.

Über die Geschichte der anderen verfügen

Für die Imperialisten des 19. Jahrhunderts waren die Afrikaner ohne Geschichte und Afrika niemandes Eigentum, und konnte daher kraft westlich formulierten Völkerrechts in Besitz genommen werden. Für den Kolonialismus waren Afrikas Gesellschaften verschieden, wenn es darum ging, sie gegeneinander auszuspielen. Ansonsten schrieben ihnen koloniale Politik und Wissenschaft gemeinsame Eigenschaften zu. In der von den Europäern dominierten gesellschaftlichen Pyramide waren sie ganz unten, erziehbar, aber noch nicht erzogen, geduldig, aber noch nicht einsichtig, arbeitsfähig, aber faul.

> »Wenn es darum geht, **die Vergangenheit zu verstehen**, sind Historiker die anerkannten Experten. Doch wenn es darum geht, zu verstehen, wie wir die Vergangenheit verstehen, dann sind sie es nicht.« (Raymond Martin 1993)

Jacques Depelchin, der kongolesische Historiker und Aktivist für einen nachhaltigen Frieden in der Demokratischen Republik Kongo, schrieb 2005 in einem Essayband von der »gezielten Konstruktion der kulturellen und individuellen Differenz, die ihren Ausdruck in einer mächtigen und starren Dualität fand: die mit Geschichte gegen jene ohne Geschichte.«

Der koloniale Blick verschwand nicht mit den Unabhängigkeiten. Die koloniale Geschichtserzählung verfeinerte zwar ihre Ausdruckweise, verzichtete jedoch nicht auf den Interpretationshintergrund, der die westliche Kontrolle und Überlegenheit zum Kern hatte. So begegnen wir dem kolonialen Blick noch heute in den wirtschaftlichen Analysen und Entwicklungsprogrammen der Weltbank, in den »Partnerschaftsverträgen«, die die Europäische Union mit den afrikanischen Staaten abschließt, und auch immer noch in historischen Beschreibungen.

Seit den 1950er Jahren schreiben Historiker, darunter immer mehr Afrikaner, gegen die fremdbestimmte Historiographie an. Dem Eurozentrismus begegnen manche darunter mit Afrozentrismus. Damit ist keine Lösung gefunden. Es gilt vielmehr für alle Beteiligten, die eigene Geschichte als Teil einer globalen Geschichte zu sehen, mit wechselseitiger Abhängigkeit und gegenseitiger Verantwortung.

Die Cahiers

Im Jahre 1830 hatten die Franzosen begonnen, den osmanischen Vasallenstaat Algerien zu besetzen. In den folgenden 100 Jahren entstand eine koloniale Gesellschaft, durchzogen von zahlreichen Grenzen: zwischen europäischen Siedlern (Anfang der 1930er Jahre rund 800 000) und Einheimischen, städtischer und ländlicher Bevölkerung, Muslime, Christen und Juden, westlich und arabisch-islamisch Gebildeten sowie Arabern und Berbern. Jede dieser Grenzen war verbunden mit Unterschieden: Einkommen, Lebensweise, Wohnort, Sprachen, Wissen und Vorurteile; alle Differenzen zusammen bildeten ein verhängnisvolles, konfliktauslösendes Potential.

Anlässlich der 100-Jahrfeier der kolonialen Eroberung Algeriens verfassten französische Wissenschaftler, Kolonialbeamte und Offiziere eine Serie von Publikationen – die Cahiers du Centenaire de l'Algérie – die einerseits die lange Periode kolonialer Herrschaft Frankreichs in Nordafrika dokumentierten, andererseits dazu dienten, den algerischen Widerstand zu schwächen. Die Schrift sollte das Bewusstsein der französischen Öffentlichkeit, der Siedler in Algerien sowie der kolonisierten Bevölkerung verstärkt auf ein französisches Algerien hin lenken.

Von den Cahiers wurden 1,2 Mio. Exemplare gedruckt. Über siebzigtausend der 12-bändigen Publikation verteilte der Staat gratis an Schulen – eine Propagandaaktion für die koloniale Idee, wie sie wohl sonst nicht mehr zu finden ist. Ihrem Charakter nach (populär)wissenschaftliche, historische, ethnographische und wirtschaftliche Texte, waren die Schriften jedoch keineswegs eine Darstellung der algerischen Realität, sondern konstruierten eine algerisch-französische Wirklichkeit neu. Die positive Darstellung und Aufwertung vor allem der französischen Siedler hatte als Gegenüber die Abwertung der »anderen«, der arabisch-berberischen Bevölkerung. Solcherart legitimierte Frankreich koloniale Unterdrückung, Ausbeutung, Gewalt und Rassismus und versuchte als ultimatives Ziel die Eingliederung Algeriens ins »Mutterland« durchzusetzen. ■

Le Petit Journal war eine Pariser Tageszeitung, deren illustrierte Wochenbeilage eine Auflage von bis zu einer Million Exemplare erreichte; sie war also in der Wirkung durchaus mit einer heutigen Boulevardzeitung vergleichbar.

Der Stich steht zu Beginn des Buches von Peter Kolb (auch als Kolben zitiert): »Caput bonae spei hodiernum – Die Vollständige Beschreibung des africanischen Vorgebürges der Guten Hoffnung«, Nürnberg 1719. Der Autor zeichnet sich nicht nur durch eine große Detailgenauigkeit, sondern auch durch eine aufgeklärte Sicht auf die Menschen des südafrikanischen Raumes aus.

Diesseits von Atlantis oder eine andere Geschichte für eine andere Welt

Aus der Sicht der wechselnden globalen Zentren hatte Afrika immer eine Position am Rand, war unbekannt oder exotisch, aber niemals unerreichbar, war der Weg, aber nie das Ziel. Vasco da Gama umrundete Afrika, um ins reiche Asien zu gelangen; Kolumbus startete von La Gomera (Kanarische Inseln) seine Überfahrt nach Amerika; Afrikas Sklaven, sein Gold und die anderen Reichtümer dienten der Kapitalbildung des Westens.

Der afrikanische Kontinent lag immer »diesseits von Atlantis«, egal ob die Verfasser utopischer Erzählungen ihr ideales Reich im Westen oder im Osten Afrikas lokalisierten. Frühneuzeitliche Autoren wie Bartolomé de Las Casas oder Francis Bacon identifizierten Platons mythisches Reich Atlantis mit Amerika. Für Bory de St. Vincent, Autor einer 1803 erschienenen Beschreibung der Kanarischen Inseln, galten diese als Überreste des untergegangenen Idealstaates. Tomaso Campanella (1568–1639) ließ seine *Civitas Solis*, seinen »Sonnenstaat«, auf einer Insel im Indischen Ozean entstehen. Diesseits der idealen, utopischen Reiche lag Afrika, bekannt, und doch fremd.

Ägypten und Karthago waren im Altertum das bekannte, »zivilisierte« Afrika, Teil des griechisch-römischen Weltsystems; dahinter lag das unbekannte, das »wilde«, das die Vorstellungen auf unterschiedlichste Weise reizte, wo exotische Tiere, Riesen und »naturgebundene« Menschen lebten, zugleich barbarisch und sexuell begehrt, hinter dem die Welt zu Ende war, und jenseits dessen doch wieder die Vorstellung von der idealen Welt, vom zukünftigen Zentrum, ihre Konkretisierung erfahren sollte.

Inzwischen verbindet uns das Internet in Echtzeit mit Menschen beinahe überall, ermöglicht den direkten Blick auf Regionen, die einst auf den Landkarten weiß blieben oder mit Phantasiegestalten gefüllt wurden, und dauert der Flug nach Dakar kaum länger als eine Autofahrt von Wien nach Berlin. Inzwischen waren Millionen Europäer als Touristen in Afrika, und dennoch hat sich unsere kollektive Vorstellung vom

Kontinent und seinen Menschen immer noch nicht von den Klischees der frühen Neuzeit entfernt.

Um hier eine Wende herbeizuführen braucht es mehr als Fernreisen, Investitionen und Entwicklungshilfe. Das Wissen um die eigene Geschichte und die Geschichte der Verflechtung mit anderen Gesellschaften im globalen System kann wesentlich zu einer Änderung beitragen. In diesem Sinne sind die Bestrebungen afrikanischer und westlicher Historiker und Historikerinnen zu sehen, eine »andere Geschichte« zu schreiben, jenseits der kolonialen wie der nationalen Geschichten, ohne die verschiedenen »Zentrismen« und den inhärenten Pessimismus.

Afrika kann sich ebenso wenig wie Europa dem Prozess der Globalisierung entziehen, der – und diese Einschätzung scheint noch optimistisch – eine Vier-Fünftel-Gesellschaft geschaffen hat, die als Verliererin dem gewinnenden Fünftel gegenüber steht. Das Wissen, wie es dazu gekommen ist, ist eine notwendige Voraussetzung für die Gestaltung einer anderen Welt.

Vom Ursprung der Menschheit und der europäischen Sicht auf Afrika

Naturlandschaft, Dimension der Räume, Wege und Ressourcen bestimmen die Umwelt, in der menschliches Handeln möglich und sinnvoll wird. Die Beziehung von menschlichem Handeln und Umwelt ist dabei immer eine wechselseitige. Jeder einseitige Versuch, Entwicklung und gesellschaftliche Unterschiede zu erklären, wie etwa in Form des Geodeterminismus, des Bestimmtseins durch die physischen Gegebenheiten des Lebensraums, oder durch die Anwendung »unfehlbarer« ökonomischer Modelle, ergibt ein falsches Bild.

Afrika – Vielfalt und Größe

Der europäische Blick auf Afrika ist verzerrt durch die Sicht »von oben«, wie sie uns die Schulatlanten vermitteln.

Das vereinfachte Bild der klimatischen Großräume und Naturlandschaften aus den Atlanten braucht eine Ergänzung durch weitere, oft gegenläufige Informationen. So kommt es zu Flutkatastrophen in Trockengebieten – wie die Überschwemmungen vom September 2009 in

Burkina Faso und Mauretanien – oder zu Nahrungsmittelknappheit in fruchtbaren Zonen. Das Vorhandensein von Bodenschätzen signalisiert im höchsten Fall potenziellen Reichtum und die Förderung tausender Barrel Öl pro Tag garantiert nicht die Versorgung der Bevölkerung mit Treibstoff.

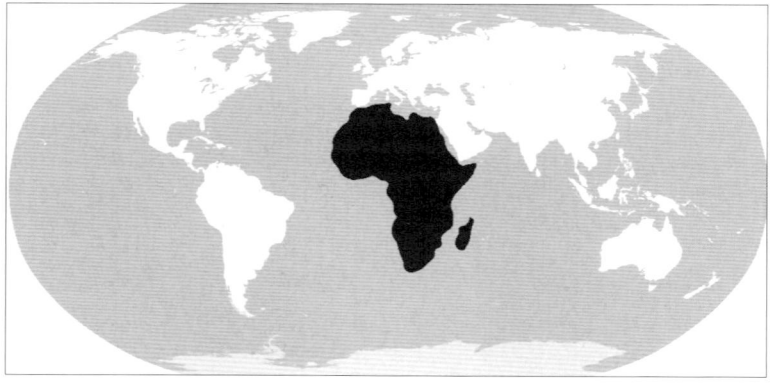

Dennoch, Faktoren wie Relief, Klima, Bodenbeschaffenheit, natürliche Verkehrswege, Bodenschätze und räumliche Distanzen spielen eine wichtige Rolle für die Entwicklung des Menschen und die Differenzierung der Kulturräume.

Weltkarten, wie sie uns aus Schulatlanten vertraut sind, zeigen Europa im Mittelpunkt und aufgrund der Verzerrung größer als in Wirklichkeit. Bei der sogenannten Robinson-Projektion tritt Europa gegenüber Afrika deutlich zurück.

Sie begründen die Ausrichtung unterschiedlicher Zonen auf bestimmte Grundnahrungsmittel – Getreide (Hirse) in den Savannen und Knollenfrüchte (wie Yams) in Feuchtgebieten –, verhindern oder fördern Viehzucht, bestimmen das Material für Hausbau oder Herstellung von Geräten, beeinflussen Transport und Kommunikation oder begründen unterschiedlich große und strukturierte politische Systeme und Kulturräume. Je mehr wir uns technologisch entwickeln, desto weniger bedeutend wird dieses Bestimmtsein, doch gehen wir zurück in der Geschichte, gewinnen natürliche Gegebenheiten immer deutlicher Macht über die menschliche Existenz.

Kulturpflanzen, Technologie und andere materielle wie geistige Elemente der Gesellschaft sind entweder autochthon oder übernommen von anderen Gesellschaften und Kontinenten, oft beides, wie Reis oder die Eisenbearbeitung in Afrika. Mit dem Anbau von Mais (aus Mittelamerika) und Bananen (aus Südostasien) wurde eine höhere Besiedlungsdichte möglich; agrarische Exportprodukte wie Kaffee (Äthiopien), Kakao oder Sisal (aus Amerika) verstärkten die Einbindung afrikanischer Ökonomien in das Weltsystem.

Der afrikanische Kontinent ist mit über 30 Mio. km^2 dreimal so groß wie Europa, hat weniger Einwohner als Indien (das um nur etwa 1/3 mehr Fläche hat als der Sudan, den flächenmäßig größten Staat in Afrika) und bietet von subtropisch bis tropisch sehr unterschiedliche klimatische

Bedingungen. Die Veränderung der klimatischen Bedingungen und damit der Kulturlandschaften wird in rezenter Zeit deutlich sichtbar: Einerseits weiten sich Trocken- und Wüstengebiete aus, andererseits gibt es immer häufiger Überschwemmungen. Die Ursachen dafür lassen sich sowohl in unbeeinflussbaren globalen Faktoren wie im menschlichen Handeln ausfindig machen, wobei bei Letzterem schwer abzugrenzen ist, was fremder und was eigener Verantwortung zufällt.

»Out of Africa« – die erste Globalisierung?

Im (derzeit?) letzten Abschnitt der Erdgeschichte – dem Quartär, das vor ca. 2,6 Mio. Jahren begann – kam es zur Entwicklung des Menschen aus hominiden Vorfahren. Unser Wissen über diesen Prozess erweitert sich aufgrund der Ausgrabungen und Funde der Paläontologen rasch. Besonders zahlreich sind diese Funde im östlichen und südlichen Afrika. Wir können annehmen, dass sich dort zwischen acht und fünf Mio. Jahre zurück die Vorfahren der Menschen und die der Primaten auseinanderentwickelten. Zu den ältesten Hominiden, mit etwa sieben Millionen Jahren, gehört der »Tschadmensch«, *Sahelanthropus tchadensis*. Hohe Bekanntheit erreichte ebenfalls ein »Afarmensch« (*Australopithecus afarensis*), dessen Überreste 1974 in Äthiopien gefunden wurden. Lucy (die amerikanischen Ausgräber nahmen damit eine Anleihe bei den Beatles: »*Lucy in the sky with diamonds*«) war knapp über 1 Meter groß, möglicherweise weiblichen Geschlechts, und ging aufrecht.

1974 fand der amerikanische Paläontologe Donald Johanson in Hadar (Äthiopien) das bislang vollständigste Skelett eines *Australopithecus afarensis*. Berühmt geworden ist der 3,2 Mio. alten Hominiden-Fund unter dem Namen »Lucy« und genau diese Namensgebung ist wohl auch dafür verantwortlich, dass der mit etwa 25 Jahren gestorbene Hominide weit bekannter ist als andere afrikanische Hominiden.

Die nächste Stufe, *homo habilis*, zeichnet sich durch größere Gehirnmasse und die Herstellung von Werkzeugen aus; die Anthropologen schreiben dieser Gruppe und der folgenden (*homo erectus*) auch bereits komplexe soziale Fähigkeiten zu. Vor allem aber begann der »aufrechte Mensch« irgendwann zwischen 2,5 und 1,7 Mio. Jahre vor der heutigen Zeit,

Afrika zu verlassen und nach Asien und Europa auszuwandern – die ältesten Funde des *homo erectus* in Asien sind etwa 1,7 Mio. Jahre alt.

Was nun die Wanderung und die nachfolgende Entwicklung des modernen Menschen (*homo sapiens*) vor etwa 100 000 Jahren betrifft, entbrannte ein Streit zwischen den Experten. Nach der einen Auffassung (Polygenese) entwickelte sich der moderne Mensch aus dem *homo erectus* mehrfach, an verschiedenen Stellen des Globus – die klassischen »Rassentypen« hätten damit unterschiedliche Vorfahren. Die Gegenthese (Monogenese), gestützt von zahlreichen Funden in Ost- und Südafrika sowie DNA-Untersuchungen, behauptet eine einmalige Entstehung in Afrika.

Schenken wir den Vertretern dieser »*out of Africa*«-Theorie Glauben, so brachen die Vertreter des *homo sapiens* zwischen 70000 und 50000 Jahren vor unserer Zeit von Afrika aus auf, um die Welt zu besiedeln und jene anderen, die möglicherweise ebenso auf dem Weg des Fortschritts waren, zu beseitigen oder zu marginalisieren (wie z.B. die Spezies der Neandertaler). In der extremen Formulierung einer Monogenese des Menschen führen Paläoanthropologen wie Alan Wilson und Rebecca Cann auf der Grundlage von DNA-Untersuchungen die Gesamtheit der Weltbevölkerung auf eine Frau zurück, die vor ungefähr 150000 bis 300000 Jahren in Afrika lebte: Eva?

Die Vertreter einer afrozentrischen Geschichtsschreibung nehmen die paläontologischen Erkenntnisse auf eine andere Art zum Ausgangspunkt ihrer Argumentation. »Die ersten Menschen waren ethnisch homogen und negroid«, schrieb Cheikh Anta Diop in Band zwei der von der UNESCO editierten *Geschichte Afrikas*, und ließ diese Vorfahren auf dem Weg *out of Africa* die ägyptische Hochkultur hervorbringen. Der Herausgeber sah sich gezwungen anzumerken, dass nicht alle Beteiligten an

> **»Sogenannten rassischen Realitäten entspricht keine Wirklichkeit**. Es gibt bloß oberflächliche physische Unterschiede zwischen den Menschen der verschiedenen Weltregionen. Und sie alle, angefangen von der Hautfarbe bis hin zur Anatomie, können als Anpassungserscheinungen an klimatische, ökologische und der jeweiligen Lebensweise geschuldete Bedingungen erklärt werden.« Dass die Theorie der mehrfachen Entstehung der Menschheit dennoch Unterstützung findet, erklärt der Afrikanist A. Sonderegger mit der Einstellung der Wissenschaftler. »Entweder beruht dieses Modell auf explizit rassistischen Grundhaltungen seiner Vertreter oder aber auf tiefsitzenden kulturellen Überlegenheitsgefühlen, die diese hegen. Für den Ursprung des modernen Menschen in Afrika sprechen sowohl die genetischen Befunde als auch die Interpretation der Hominidenfossilien im Rahmen eines dynamischen Evolutionsbegriffs – d.h. die wesentlichen Fakten.«

diesem Werk der gleichen Meinung gewesen seien. Denn wenn auch die Vorfahren der heutigen Menschen aus Afrika kamen, so ist dies »ethnisch homogen und negroid« für die Zeit bis zur Gründung Ägyptens nicht nachzuweisen.

Die Differenzierung afrikanischer Gesellschaften und die alten Hochkulturen

Die sogenannte »neolithische Revolution«, der Übergang des Menschen zur Sesshaftigkeit und zum Bodenbau, ist die erste große Zäsur in der Geschichte der Menschheit. Bis dahin lebten die Menschen beweglich in großen Räumen, verfeinerten ihre Werkzeuge und Waffen und fanden allmählich von einem »der-Umwelt-ausgeliefert-Sein« zur Beherrschung und Domestikation dieser Umwelt.

Von der Steinzeit zur Eisenindustrie

Felsbilder, Objektfunde und Grabungen geben in immer größerem Umfang Auskunft über die kulturelle und technologische Entwicklung des Menschen in Afrika. Die derzeit ältesten Funde stammen aus Höhlen an der Küste der Provinz Eastern Cape in Südafrika (Blombos Cave). Die einfachen Zeichnungen, steinernen Speerspitzen und Muschelketten haben ein Alter von etwa 70000 Jahren. Bis zum Sesshaftwerden und zur Domestikation von Haustieren vergingen von da an mehr als 60000 Jahre, in denen sich Gruppen von Jägern und Sammlern über immer größere Flächen des Kontinents (und darüber hinaus) verteilten.

Die Entwicklung von Geräten und Waffen, der Erwerb von Wissen über essbare Pflanzen und Heilmittel sowie die Kenntnis des Terrains machten die Bewohner Afrikas immer deutlicher zu Menschen, die die Natur und andere Lebewesen zu beherrschen vermochten.

Wir interpretieren heute die Funde und Felsbilder mit Hilfe des Vergleichs, projizieren unser Wissen über traditionelle Gesellschaften aus den letzten 200 Jahren in die Vergangenheit, kommen so auch zu Aussagen über gesellschaftliche Strukturen und geistige Leistungen. Dies ist nicht unähnlich dem Vorgehen in der Beschreibung der europäischen

Die Felszeichnungen aus dem Bergmassiv Jebel Ouenat sind in ihrer Dichte und Ausdrucksfähigkeit ein einmaliges Zeugnis für das Leben im Sahararaum zwischen 10000 v. Chr. und der Jetztzeit. Die Abbildungen zeigen vor allem Rinder (Feuchtperiode), aber aus späterer Zeit auch Kamele. Dieses wertvolle Kulturerbe ist heute durch den Tourismus und die Suche nach Bodenschätzen schwer gefährdet.

Vorgeschichte, und im Grund so wahr, wie es falsch ist. Solche Interpretationen sind hilfreich und akzeptabel, solange sich dahinter nicht wertende (Vor-)Urteile verbergen. Interessant ist unter anderem, dass Jäger und Sammler auch heute noch, in Rückzugsgebieten und unter erschwerten Umweltbedingungen, kürzer arbeiten als Bauern, um ihren Lebensunterhalt zu sichern.

Die »neolithische Revolution« war sicherlich ein längerer Prozess und die Antwort auf die Frage, was Menschen dazu veranlasst hat, mehr zu arbeiten, bleibt hypothetisch. Sie ist auf jeden Fall mit einer stärkeren Differenzierung der Gesellschaften verbunden und mit dichterer Besiedlung fruchtbarer Regionen. Die ersten bäuerlichen Kulturen finden wir um 10000 v. Chr. im Nahen Osten. In Afrika begann die Entwicklung im Niltal und östlich des Nils, in Nordafrika und im äthiopischen Hochland. Das heutige Wüstengebiet der Sahara war bis zum Ende der letzten Feuchtperiode fruchtbares, grünes Land. Kolben- und Rispenhirse, Gerste und Reis, sowie Teff, eine spezielle Getreideform, die heute nur noch in Äthiopien angebaut wird, waren die wichtigen Kulturpflanzen im offenen Gelände. Yams und Ölpalmen prägten die Waldzonen, wo es erst später als in den Savannen zum Anbau von Kulturpflanzen kam. Haustiere wurden, so die Meinung der Experten, aus Asien übernommen – auf jeden Fall finden sich ab 6000 v. Chr. deutliche Belege für Rinderhaltung in Nordafrika.

In manchen Teilen des Kontinents wurde der Landbau mit künstlicher Bewässerung verbunden, in anderen ermöglichten Terrassenfelder in Verbindung mit Tierhaltung und der daraus resultierenden Düngung eine intensive Landwirtschaft. Wo sich der Boden rasch erschöpfte, rodeten die Bauern durch Abbrennen immer wieder neue Zonen und zogen nach einigen Jahren weiter. Mit fortschreitender Dichte der Besiedlung kam es dazu, dass die Besiedler nach mehreren Brachen ins gleiche Gebiet zurückkehrten.

Nach dem Ende der feuchten Periode begann 4000 v. Chr. die Sahara auszutrocknen. Die Abwanderung ihrer Bevölkerung war einer der Gründe, wieso um 3000 v. Chr. eine Völkerwanderung einsetzte, die »Bantu-Expansion«, als deren Folge heute der größte Teil der Bewohner des zentralen, östlichen und südlichen Afrika zu einer einzigen großen Sprachfamilie gehört. Die »Bantu« – der Begriff bedeutet »Menschen« – verdrängten die Vorbevölkerung (wie die Khoikhoin und San im südlichen Afrika), zogen im Süden bis an die Küste des Indischen Ozeans und des Atlantik und wanderten von dort bis ins 19. nachchristliche Jahrhundert auch wieder nordwärts in den ostafrikanischen Raum. Die Bantu waren Bauern und/oder Viehzüchter, passten sich dem jeweiligen Lebensraum an, und übernahmen und verbreiteten die Töpferei und die Metallbearbeitung in ihrem Expansionsgebiet.

Der Ort Bohou liegt im bergigen, zentralen Teil der Region Kara/Nordtogo. Die Terrassenfelder, auf denen die Bauern Hirse, Bohnen und Gemüse für den Eigenbedarf produzieren, sind das Ergebnis einer intensiven Gestaltung der Bergregion über Generationen.

21

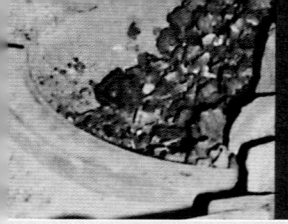

Eisenverarbeitung

Kupfer ist einfacher zu gewinnen und (wie auch Bronze) zu verarbeiten als Eisen; in Ägypten geschah dies seit Ende des 5. Jahrtausends v. Chr. Anders als in Westasien und Europa blieben Kupfer und Bronze in Afrika allerdings auf wenige Gebiete beschränkt.

Die Eisengewinnung und -verarbeitung wurde einerseits aus Asien übernommen, anderseits sprechen archäologische Funde dafür, dass afrikanische Gesellschaften lokal neue Technologien entwickelten, die ein Schmelzen bei höherer Temperatur und daher auch eine bessere Qualität des Eisens ermöglichten. In vielen Teilen des Kontinents folgte die Eisenzeit unmittelbar der Steinzeit.

Zentren, von denen sich die Eisenbearbeitung ausbreitete, waren einerseits Karthago (9. Jh. v. Chr.), andererseits Meroe am Weißen Nil (5. Jh. v. Chr.). Während aus afrozentrischer Sicht die Rolle Meroes höher bewertet wird, geben andere Historiker (wie John Iliffe) Karthago das Primat; als Beleg dafür werden u.a. Art und Beginn der Eisenverarbeitung im zentralen Nigeria in Verbindung mit der sogenannten Nok-Kultur angeführt.

Mit der Verarbeitung des Eisens zu Pflügen und Hauen verbesserte sich der Ertrag in der Landwirtschaft; mit dem Schmieden von Waffen verschärften sich politische Auseinandersetzungen und die Asymmetrie der Macht. Nicht ohne Grund haben Schmiede bis heute in den afrikanischen Gesellschaften große Bedeutung. ■

Die Schmiede der Kabyie/Nordtogo behielten alte Techniken der Bearbeitung bis in jüngste Zeit bei. Sie stellen verschiedene landwirtschaftliche Geräte und Musikinstrumente (Glocken) her und verwenden heute dafür Altmetall, wie z.B. gebrauchte Eisenbahnschienen.

Der östliche Mittelmeerraum und das Niltal

»Seit Jahrtausenden strömt hier alles zusammen, wirbelt die Geschichte durcheinander und bereichert sie«, schrieb Fernand Braudel über das Mittelmeer. Hier, über das Niltal und die Landbrücke nach Asien, war Afrika mit der alten Welt fest verbunden. Entlang Afrikas längstem Fluss wanderten *homo erectus* und *homo sapiens* nach Osten, und sobald das Eis zurückwich nach Norden.

Um 5000 v. Chr. war das Land entlang und östlich des Nilflusses von Bauern besiedelt und im folgenden Jahrtausend entstanden die ersten Städte. Die reich bestückten Gräber von Nagada nahe dem heutigen Theben zeugen von der Kunstfertigkeit des Handwerks und dem Fernhandel, zugleich sind sie ein Beleg für die deutlicher werdende gesellschaftliche Differenzierung. Um 3100 v. Chr. kam es zur Zusammenführung der Staaten zwischen erstem Nilkatarakt und dem Nildelta.

Die Geschichte Ägyptens und seiner Dynastien unterscheidet sich in mehr als einer Hinsicht von der alten Geschichte des übrigen Afrika, stehen uns doch schriftliche Quellen und ein umfangreiches Erbe an Objekten und Abbildungen zur Verfügung. Wir wissen über die politische und bürokratische Organisation Bescheid, haben hinreichend Unterlagen zur Darstellung der Wirtschaft, und neben den Erzählungen über die Oberschicht und die Herrscherhäuser finden wir auch Darstellungen des Lebens und der Probleme einfacher Ägypterinnen und Ägypter.

Besonders ausführlich hat sich die Wissenschaft mit der Religion befasst, die eine wesentliche Säule der Herrschaft darstellte. Für viele

Im Mittleren Reich wurden oft Szenen des täglichen Lebens in kleinen Holzmodellen dargestellt, wie Bauern beim Pflügen oder Diener beim Malen des Getreides; mit Hilfe solcher Grabbeigaben sollte die Versorgung der Verstorbenen mit Nahrung sicher gestellt werden.

Afrikahistoriker liegt hier der Ursprung des »sakralen Königtums«, das die meisten afrikanischen Königreiche prägte. Als weiteres ägyptisches Erbe in afrikanischen Gesellschaften wird die bedeutende Rolle von Frauen in herrschenden Positionen angeführt, auch in der Darstellung von Menschen und Tieren durch Plastiken aus Terrakotta, Holz oder Metall lassen sich Gemeinsamkeiten erkennen.

Mit dem Einfall der Hyksos im 17. Jh. v. Chr. verlor das Reich Unterägypten. Die Eroberer wurden assimiliert und ihre Technologien – Waffen aus Bronze und Pferdewagen – übernommen.

Das neue Reich, auf der Niederlage der Hyksos begründet, verschob die Grenzen des Staates Richtung mittleren Osten und im Süden nach Nubien und ins Horn von Afrika. 500 Jahre lang war Ägypten das Zentrum eines Weltsystems, politisch wie wirtschaftlich. Die hohe Bekanntheit mancher Pharaonen in der heutigen Zeit, wie zum Beispiel Tutanchamun, beruht nicht so sehr auf deren Taten und Erfolgen als auf der kostbaren Hinterlassenschaft in ihren Grabstätten. Mit dem Ende des 2. Jahrtausends v. Chr. wurde die Herrschaft der ägyptischen Pharaonen immer schwächer. Während sich in den letzten 700 Jahren v. Chr. im mittleren und unteren Ägypten Assyrer, Perser, Griechen und schließlich die Römer die Macht sicherten, verschob sich das Zentrum des afrikanischen Reiches nach Süden, und damit verbreitete sich auch das kulturelle und politische Erbe Ägyptens immer weiter ins Innere des Kontinents .

In Nubien hatten sich seit Mitte des 3. Jahrtausends Städte und Staaten entwickelt, die mit dem Niedergang des neuen Reiches um 1000 v. Chr. an Macht gewannen. Von der Hauptstadt Napata aus eroberte der Pharao von Kusch 730 v. Chr. Theben. Mitte des Jahrtausends verlagerten die Herrscher von Kusch, bedroht durch das unter den Assyrern wieder erstarkte Ägypten und die verschlechterten Umweltbedingungen, die Hauptstadt nach Süden, nach Meroe. Die Fruchtbarkeit des Landes zwischen den beiden Nilzuflüssen, der Handel und vor allem die Eisenbear-

Die Nachzeichnung einer Schlachtszene, die Pharao Ramses II. im Kampf gegen die Hethiter bei Kadesch, 1274 v. Chr. zeigt. Das Bild stammt aus einem 1984 errichteten Themendorf in Kairo und vereinigt Elemente verschiedener Vorlagen aus dem Tempel von Karnak und aus Abu Simbel. Der hethitische König Muwatalli war dem Pharao in der Schlacht von Kadesch zwar der Truppenanzahl nach überlegen, doch die leichten Streitwagen und weittragende Bögen der Ägypter sicherten Ramses II. den Sieg.

beitung machten Meroe reich und mächtig. Kulturell und politisch unterschied es sich deutlicher von Ägypten als vor ihm Kusch.

Das ägyptische Weltreich war so endgültig in zwei Teile zerfallen: Der mediterrane Teil kam unter Kontrolle der Griechen und Römer, der kontinentale entwickelte eigene, stärker auf den Kontinent und das angrenzende Arabien gerichtete Interessen. Meroe betrieb wohl auch Handel mit den Römern, die Wirtschaftsbeziehungen zum afrikanischen Raum und der Handel mit Arabien hatten jedoch größere Bedeutung.

Der Niedergang der Eisenin, verbunden mit dem Raubbau an den Holzbeständen des Landes, und die Verlagerung des Handels brachten nach 800 Jahren auch Meroe um seine Bedeutung; das Reich Aksum, weiter südöstlich im äthiopischen Hochland gelegen, wurde zur neuen Macht in Nordostafrika und übernahm die Kontrolle des Handels mit Arabien. Sein König Ezana zerstörte Meroe Mitte des 4. nachchristlichen Jahrhunderts; er war auch der erste Herrscher in Nubien, der das Christentum annahm.

Grabmal des Königs Terekenewal (3. Jh. n. Chr. – teilweise restauriert). Mehr als 40 Königinnen und Könige sind auf dem Friedhof von Begrawiya bestattet. Über den unterirdischen Gräbern erheben sich Pyramiden, zwischen 6 und 30 m hoch, deutlich steiler als die ägyptischen Pyramiden.

Die Phönizier und das griechisch-römische Nordafrika

Ägyptens Schwäche bedeutete Raum für neue Akteure im Mittelmeer. Alexander der Große verdrängte die Perser aus Ägypten und begründete Alexandria. Bis ins 20. nachchristliche Jahrhundert hatten Griechen fortan eine wichtige wirtschaftliche Position in Ägypten; Kunst und Wissenschaft Europas erhielten auf diesem Weg Anregung und Erkenntnisse.

Etwa 1000 v. Chr. hatten die Phönizier Karthago gegründet; von hier und anderen Niederlassungen kontrollierten sie den Handel im Mittelmeer. In Kooperation mit den Berberstaaten Nordafrikas unterhielten die

Phönizier auch Wirtschaftsbeziehungen mit Afrika südlich der Sahara. Im 4. und 3. Jahrhundert v. Chr. war Karthago nach damaligen Verhältnissen eine »Megastadt«: 400 000 Menschen wohnten hier – eine Einwohnerzahl, die Tunis, gegründet über dem zerstörten Karthago, erst wieder Mitte der 1950er Jahre erreichte.

Die römischen Ruinen von Dougga, etwa 100 km südlich von Tunis, gelten als die eindrucksvollsten Überreste römischer Zeit in Tunesien.

Die Punier, wie die Römer sie nannten, waren dem expandierenden Rom im Wege. In drei Kriegen zerstörte Rom Karthago und übernahm die Herrschaft über Nordafrika.

Roms Provinz *Africa* lieferte dem »Mutterland« Getreide, Olivenöl, Gold und Sklaven: Dies war die erste Kolonisierung eines afrikanischen Territoriums, in mancherlei Hinsicht ähnlich dem späteren Kolonialismus. Die Einführung des Kamels aus Arabien beförderte die transsaharischen Handelsbeziehungen und ließ die berberischen Völker des Wüstenraums an Einfluss gewinnen.

Die Ausbreitung des Christentums ab dem 1. Jahrhundert brachte, in Nordafrika wie in anderen Teilen des römischen Weltreichs, der Bevölkerung die Möglichkeit, den Kolonisatoren eine andere, eigene Identität gegenüberzustellen und sich, auf vorerst friedvolle Weise, zur Wehr zu setzen. Dieser Strategie der Kolonisierten werden wir im 20. Jh. in Zusammenhang mit dem antikolonialen Widerstand erneut begegnen.

Von Ägypten aus verbreitete sich das Christentum nach Süden; die afrikanischen Christen zeigten jedoch, vor allem seit unter Kaiser Konstantin das Christentum Staatsreligion geworden war, eine deutliche Tendenz zur Eigenständigkeit. Die Donatisten (nach Bischof Donatus in Karthago) in *Africa* und die Kopten in Ägypten entwickelten sich zu religiösen Bewegungen mit deutlich lokalem, afrikanischem Charakter. Die Agonistiker (»Soldaten Christi«), eine Fraktion der Donatisten, verübten Gewalttaten gegen die Regierung und die Großgrundbesitzer, denen sie die Unterdrückung und Ausbeutung der armen Landbewohner vorwarfen.

Mit der Besetzung Nordafrikas durch die Vandalen fand die römische Kolonisierung im 5. Jahrhundert ein Ende. Zwar konnte Ostrom das Gebiet noch einmal zurückerobern, musste aber schließlich der arabisch-islamischen Invasion weichen. Während das Christentum in Nordafrika weitgehend verschwand, blieb es in Ägypten erhalten und fand in Nubien und im Horn von Afrika zu einer politischen und kulturellen Blüte.

Das christliche Nordostafrika

Um 400 n. Chr. war die Mehrheit der Bevölkerung in Ägypten christlich, doch entfernte sich die koptische Kirche deutlich von der römischen Kirche bzw. der christlichen Herrschaft in Byzanz. Während die Missionierung in Nubien die Verbreitung des Christentums und die Entstehung neuer Reiche zur Folge hatte, kamen die Christen in Ägypten mit dem Vordringen des Islam im 7. Jh. immer stärker unter Druck. Heute sind die Kopten eine Minderheit von etwa 6 % und mehr denn je vom Islam bedrängt.

Mitte des 4. Jh. trat der König von Aksum zum Christentum über – wie alle bekehrten Könige vor und nach ihm wohl eher aus politischen und wirtschaftlichen Gründen. So begründete Aksum im 6. Jh. seine Invasion des Jemen mit der »Verpflichtung«, dortige christliche Gemeinden schützen zu müssen. Inzwischen waren in Nubien drei neue christliche Reiche entstanden und syrische Missionare hatten im äthiopischen Hochland Fuß gefasst.

Aksum, in der heutigen äthiopischen Provinz Tigre gelegen, war nicht nur ein florierendes wirtschaftliches Zentrum, sondern verband erfolgreich kulturelle und politische Elemente des südarabischen und griechisch-römischen Raums mit den afrikanischen Gegebenheiten. Die *lingua franca* des Staates, Ge'ez, ist bis heute als liturgische Sprache des äthiopischen Christentums erhalten.

Die Abba-Libanos-Felsenkirche ist eine der elf aus Stein (Tuff) gehauenen Kirchen von Lalibela (auch als das 8. Weltwunder bezeichnet); mit diesen Kirchen wollte König Gebre Mesqel Lalibela eine Pilgerstätte von der Bedeutung Jerusalems schaffen.

Während die christlichen Reiche in Nubien unter den Einfluss des islamisierten Ägypten gerieten, erstarkte die christliche Herrschaft in Äthiopien. Das politische Zentrum wanderte dabei immer weiter nach Süden. Ein Fürst aus dem Volk der Agau begründete die Dynastie der Zagwe, die Aksums Vorherrschaft beendete. Das Christentum und die Kirche wurden unter den Zagwe zu einer bedeutenden politischen, wirtschaftlichen und kulturellen Institution. Aus dieser Periode stammen beeindruckende Sakralbauten, vor allem die Felsenkirchen von Lalibela.

Kontakte mit Palästina und Ägypten dienten der Vernetzung mit christlichen Standorten, aber auch der Absicherung gegen den expandierenden Islam. Immer weitere Gebiete im Süden und an der Küste bis Zeila im heutigen Somaliland wurden christlich besiedelt, zugleich aber die wirtschaftliche Kooperation mit muslimischen Gruppen gesucht, die in der Region immer stärker an Einfluss gewannen.

1270 kam schließlich, gestützt auf starke militärische Kräfte aus Shoa, der Zentralprovinz Äthiopiens, eine Herrscherlinie an die Macht, die ihre Abstammung von König Salomon und die Erhaltung und Expansion eines christlichen Reiches gegen den Islam und das »afrikanische Heidentum« zu den zentralen Elementen ihres Herrschaftsmythos machte.

Das christliche Äthiopien entwickelte sich zu einem Feudalstaat, expandierte immer weiter nach Süden und trat ab dem 15. Jh. auch mit den europäischen Mächten der Neuzeit in Kontakt. Hoher Klerus, Feudalherren und Kaiser lebten von der Arbeit der kleinen Bauern und armen Mönche. Zahlreiche Kriege – Eroberungen von Land und Auseinandersetzungen mit islamischen Kräften – konnten nur durch die Rekrutierung der Bevölkerung geführt werden. Nicht selten mussten die Bauernheere aber auch gegeneinander ihr Leben einsetzen.

Als letzter Herrscher der Salomoniden wurde 1975 Kaiser Haile Selassie von populistisch-marxistischen Offizieren gezwungen auf den Thron zu verzichten.

Große Reiche, Dorfrepubliken und die Ausbreitung des Islam

Die Größe des Kontinents brachte es mit sich, dass im Osten, im Westen (inklusive des Maghreb) sowie im zentralen und südlichen Afrika die Prozesse der Staatenbildung und auch die wirtschaftliche Vernetzung relativ getrennt vom Geschehen in den jeweils anderen Regionen vor sich ging. War der Nordosten gegen das Mittelmeer und Südarabien geöffnet, der Westen gegen das Mittelmeer, so blieb der südliche und zentrale Teil, sehen wir von den Küsten und Inseln des Indischen Ozean ab, bis zur europäischen Expansion weitgehend isoliert.

Die arabische Expansion und die Islamisierung Nordafrikas

Nach dem Tod des Propheten Mohammed im Jahr 632 n. Chr. begann eine religiös-politische Expansion, die im Laufe der folgenden Jahrhunderte die politische und gesellschaftliche Struktur Nordafrikas neu gestaltete. Sie beeinflusste darüber hinaus die großen Reiche südlich der Sahara und sorgte für deren intensive wirtschaftliche und kulturelle Einbindung in die damalige Welt rund um das Mittelmeer.

Eine erste Welle nomadischer Eroberer unter Führung von Amr Ibn al-As aus Mekka entriss um 640 den Byzantinern die Herrschaft über Ägypten; Kairo wurde zur neuen Hauptstadt, während sich Byzanz in Alexandria noch einige Zeit halten konnte. Lybien und das fruchtbare Gebiet des heutigen Tunesien wurden bald darauf besetzt. 670 gründete Okba Ibn Nafi Kairouan im Landesinneren der Provinz Ifriqiya (das römische *Africa*); die Hauptstadt der reichen Provinz – auch die

Die Moschee von Kairouan stammt in ihrer heutigen Gestalt aus dem 9. Jh. Dicke Mauern und das von einer Kuppel gekrönte 31,5 m hohe Minarett verleihen ihr einen festungsartigen Charakter. Sie war über Jahrhunderte nicht nur das religiöse Zentrum des Maghreb, sondern auch der Sitz einer bedeutenden Universität.

»vierte heilige Stadt des Islam« genannt – wurde zum religiösen und wissenschaftlichen Zentrum des arabisch-islamischen Nordafrika.

tn Nafi und sein Heer stießen bis an den Atlantik vor, wurden jedoch auf dem Rückweg nach Osten von einer Armee aufständischer Berber vernichtend geschlagen. Die verschiedenen Berbervölker und ihre Führer übernahmen zwar den Islam, behaupteten aber immer wieder ihre politische Eigenständigkeit und assimilierten die arabischen Einwanderer.

Die Bekehrung der unterworfenen Völker vollzog sich keineswegs gewaltsam, doch erkannten diese, wie die Kopten in Ägypten, dass ein baldiger Wechsel der Religion weit vorteilhafter war als die Leistung besonderer Steuern oder Tribute. Das Gleiche galt für die Sprache: Arabisch dominierte fortan Politik und Wirtschaft. Das Koptische in Ägypten wurde nur noch unter der Landbevölkerung verwendet und behielt letztlich allein seine Funktion als Sprache der christlichen Liturgie. Die Berbersprachen im übrigen Nordafrika blieben erhalten – doch setzte sich auch hier Arabisch als Sprache von Politik und Wissenschaft durch.

Wie in der Ausübung des christlichen Glaubens behauptete die berberische Bevölkerung auch im Islam ihre eigene Linie. Die Glaubenskämpfe, beginnend mit der Spaltung in Sunniten und Schiiten, und die verschiedenen missionarischen Bewegungen und Bruderschaften boten der Gestaltung reichlich unterschiedliche Möglichkeiten. Mit den Expansionsbestrebungen der neuen herrschenden Gruppen waren die Führer der nordafrikanischen Völker durchaus einverstanden; das islamische Herr, das 711/12 Spanien eroberte, bestand zum überwiegenden Teil aus Berbern.

Von besonderer Bedeutung unter den herrschenden Dynastien waren die Fatimiden, die Anfang des 10. Jh. in Kairouan an die Macht kamen und später Kairo zu ihrer Hauptstadt machten. Unter ihrer Herrschaft blühten Handel und Landwirtschaft. Die Getreideproduktion mit künstlicher Bewässerung erbrachte Erträge, die in Europa erst in der zweiten Hälfte des 17. Jahrhunderts erreicht wurden. Mit der Errichtung der Universität Al-Azhar in Kairo Ende des 10. Jh. leisteten die Fatimiden einen bedeutenden Beitrag zur Förderung der Wissenschaften. Der Ausbau der Flotte verschaffte den Muslimen Einfluss im Mittelmeer: 935 besetzten sie Genua und plünderten auf Sardinien und Korsika.

Während der östliche Teil Nordafrikas durch den Wettbewerb um wirtschaftliche und politische Macht zwischen islamischen Gruppen, Byzanz, den oberitalienischen Handelsstädten (Genua, Venedig) und den Türken, durch die Kreuzkriege und durch die Pest ab dem 12. Jh. einen Niedergang erlebte, hielt die islamisch-berberische Herrschaft im Maghreb ihre Kontrolle über Spanien bis Ende des 15. Jahrhunderts aufrecht und expandierte bis weit hinein in die »Länder der Schwarzen« (*Bilad as-Sudan*) südlich der Sahara. Wesentlich dafür war der Handel mit den Reichen und den Wirtschaftszentren der Sahara und des Sudan, doch auch die Verbreitung der Religion, der Wissenschaft und der Kenntnisse hinsichtlich staatlicher Verwaltung. Unter den Almoraviden (1046–1147),

Die Koubba, eine von einer Kuppel überdachte offene Halle, ist als einziges Bauwerk aus der Zeit der Almoraviden erhalten geblieben. 1117 errichtet und im Lauf der Zeit von Neubauten zugedeckt, wurde sie erst 1952 wieder ausgegraben und restauriert. Die Anlage diente den Waschungen vor dem Gebet und ist mit Pflanzenmustern und Kaligrafien reich dekoriert.

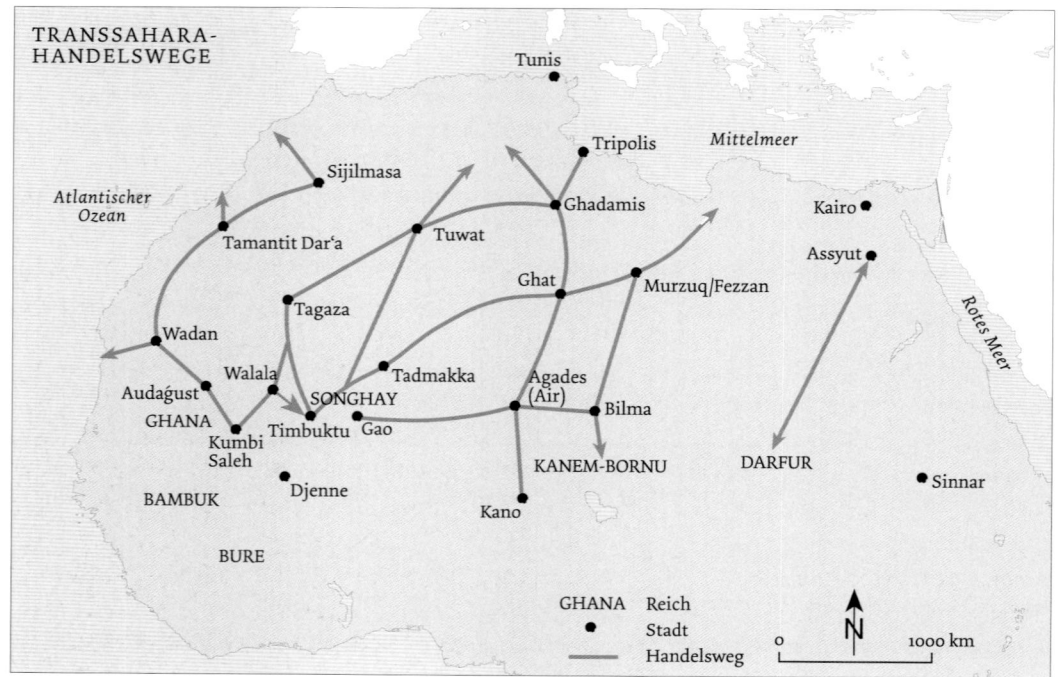

TRANSSAHARA-
HANDELSWEGE

GHANA Reich
● Stadt
— Handelsweg

Seit aus einem frucht-
baren Savannengebiet
die Wüste Sahara gewor-
den war, beschränkte
sich die Verbindung zwi-
schen Nordafrika und
dem Süden einerseits
auf das Niltal, anderer-
seits auf einige Karawa-
nenstraßen, die zumeist
von Städten am Niger
ihren Ausgang nahmen.
Auf diesen Routen
wurden und werden seit
mehr als drei Jahrtau-
senden Gold, Menschen
und Waffen, aber auch
Salz, Stoffe und Strau-
ßenfedern transportiert.

aus einer religiösen Reformbewegung berberischer Nomaden entstanden, und der folgenden Dynastie der Almohaden (1147–1269) erreichte der
Staat mit seinem Zentrum in Marokko die größte Ausdehnung.

Während die meisten Staaten in Nordafrika im 16. Jahrhundert von
den Türken besetzt wurden, verlor Marokko durch die *Reconquista* zwar
die Iberische Halbinsel, blieb aber ein souveräner Staat.

Die Reiche im Sudan

Bodenbau und Metallurgie einerseits, der Fernhandel mit Gold, Kupfer,
Salz und Sklaven andererseits waren die wirtschaftlichen Grundlagen
für die Entstehung großer zentral verwalteter Reiche in den Savannengebieten südlich der Sahara. Neben den alten Handelsstraßen, die die Wüste von Süden nach Norden und von Westen nach Osten querten, spielte
der Fluss Niger eine bedeutende Rolle.

Über die Oase Audoghast war der Westen mit Sijilmasa in Südost-
marokko verbunden. Sijilmasa war auch das Ziel anderer Handelsrouten, etwa von Djenne und Timbuktu kommend, und von Timbuk-

tu zogen wiederum Karawanen über den Fezzan nach Tunis. Eine weitere Route führte vom Tschadsee nach Tripolitanien bzw. über die Oase Kufra nach Ägypten. Schließlich waren die großen Reiche Westafrikas auch mit Nubien und Äthiopien verbunden – ein Weg, den nach der Islamisierung zahlreiche Pilger auf ihrer Reise nach Mekka benutzten.

Ausgrabungen in Djenne im heutigen Mali belegen Siedlungen in diesem Raum für das 3. Jh. v. Chr. Handelsverbindungen zu Nordafrika gab es bereits mit Karthago, doch blieben bis zur Islamisierung die Wirtschaftsverbindungen Richtung Süden und Osten von größerer Bedeutung. Damit ist wohl auch die Entstehung von Städten und Staaten in den ersten Jahrhunderten n. Chr. primär auf die lokale und innerafrikanische Wirtschaftsentwicklung zurückzuführen.

Als ältestes der sudanischen Reiche kennen wir Ghana aus den Berichten der islamischen Chronisten. Ghanas Ruf beruhte auf Gold, das im Schwemmsand der Flüsse – vermutlich vor allem am Oberlauf des Senegal – gefunden wurde.

Das Reich wurde etwa 300 n. Chr. begründet, umfasste große Teile des heutigen Mali

> In »*Das Buch der Strassen und der Reiche*«, von al-Bakri *Kitāb al-masālik wa-ʿl-mamālik* heißt es folgendermaßen: »**Die Stadt Ghana**, in einer Ebene gelegen, **besteht aus zwei Teilstädten**. Die eine wird von Muslimen bewohnt, ist groß und besitzt 12 Moscheen; in einer dieser Moscheen kommen sie für das Freitagsgebet zusammen. Es gibt bezahlte Imame und Muezzine sowie Rechtsexperten und Gelehrte. [...] Die Stadt des Königs ist sechs Meilen davon entfernt und heißt Al-Ghāba. Dazwischen liegen Wohngebäude aus Stein und Holz. Der König hat einen Palast und eine Anzahl Kuppelbauten, alles umgeben von einer Einfriedung wie eine Stadtmauer. [...] Des Königs Sprecher, der Schatzmeister und die meisten seiner Minister sind Muslime. [...] In einem der Kuppelhäuser hält er Audienz. Zehn Pferde mit goldbestickten Überwürfen warten vor dem Gebäude. Hinter dem König stehen zehn Pagen mit goldverzierten Schilden und Schwertern.«

und kontrollierte am Höhepunkt seiner Macht auch den Handelsstützpunkt Audoghast. Den Almoraviden militärisch wie wirtschaftlich unterlegen, konkurriert durch benachbarte Reiche und bedroht durch die Ausdehnung der Wüste verlor Ghana ab dem 12. Jh. an Bedeutung.

Begründet vom sagenhaften Helden Sundiata wurde Mali (Namensgeber des modernen Staates) mit seiner Hauptstadt Niani zum größten und reichsten Staat des afrikanischen Mittelalters. Mehrere große Handelszentren, darunter Timbuktu am Nigerbogen, neue Goldlager im Quellgebiet des Niger und weit fruchtbareres Land als Ghana – nicht zuletzt aber die Islamisierung und die damit verbundene Entwicklung von Wissenschaft und Staatsordnung – waren die Grundlagen eines Imperiums, das an seinem Höhepunkt im Westen bis an den Atlantik und im Osten bis Nordnigeria reichte.

Dieser Ausschnitt aus einer Katalanischen Karte des 14. Jh. zeigt Mansa »König« Musa mit einem Goldklumpen in der Hand und den aus europäischer Sicht wichtigen königlichen Insignien Krone und Zepter. Der Ruf vom sagenhaften Reichtum seines Landes hatte das Interesse der expandierenden europäischen Mächte geweckt; noch aber sah Europa in den afrikanischen Reichen Partner, und nicht Territorien, deren Unterwerfung und Ausplünderung keinerlei Bedenken erweckte.

Beeindruckend und in Chroniken und Erzählungen ausführlich dargestellt, war die Pilgerreise des Mansa (König) Musa nach Mekka in den Jahren 1324/25. Man berichtete, Mansa Musa hätte von seinem Gefolge 100 mit Gold beladene Kamele mitführen lassen, und seine exorbitanten Ausgaben hätten in Alexandria zu einer Inflation des Geldes geführt. Weit wichtiger als dies erscheint aber sein Interesse an technologischer und wissenschaftlicher Entwicklung. Mansa Musa kehrte mit einer Reihe von Gelehrten und Architekten nach Hause zurück und stiftete in Timbuktu die erste Universität südlich der Sahara.

Während Mali im 15. Jh. einen Niedergang erlebte, übernahm die Provinz Songhay mit dem Handelszentrum Gao im Osten immer weitere Teile des alten Imperiums, dazu eroberte Songhay auch Gebiete des heutigen Nordnigeria. Machtkämpfe unter den Herrschenden, die Bestrebungen der unterworfenen Malinke, Mossi, Fulbe und Hausa nach Unabhängigkeit und die Niederlage gegen die Truppen des Sultans von Marokko 1591 setzten auch diesem Staat ein Ende.

Noch weiter im Osten hatte sich im Tschadseeraum zwischen 6. und 9. Jh. der Staat Kanem entwickelt. In Ermangelung von Goldvorkommen verlegte sich die Dynastie der Sefuwa in Kanem und Bornu auf den Handel mit Sklaven und die Ausplünderung der unterworfenen Bauern. Wo sich, wie weiter im Süden und vor allem in den Waldgebieten, die Bauern der Herrschaft kriegerischer Kasten sowie ausbeuterischer Adeliger und Handelsherrn entziehen konnten, organisierten sie sich in Dorfstaaten, die oft durch religiöse Institutionen zu größeren politischen Gemeinschaften zusammenfanden.

Die Stadtstaaten an der Küste Ostafrikas und der Indische Ozean

Ungleich dem Atlantik, der feindlich und stürmisch die Bewohner der afrikanischen Westküste davon abhielt, in unbekannte Weiten zu segeln, war der Indische Ozean mehr ein verbindender als trennender Raum. Dazu trug vor allem der Monsunwind bei, der in den Monaten November bis April die Schiffe aus dem Osten nach Afrika trieb und sie in der anderen Jahreshälfte wieder in ihren Heimathafen zurückbrachte.

Der *Periplus des Eritreischen Meeres* dokumentiert bereits für das erste nachchristliche Jahrhundert, dass griechisch-ägyptische Seeleute eine gute Kenntnis der ostafrikanischen Küste bis in den Raum des heutigen Tanzania hatten. Arabische, persische und indische Kauffahrer landeten lange vor dem 7. Jahrhundert, der Expansion des Islam, in den Häfen und

auf den Inseln im Osten Afrikas. Nicht zuletzt fällt in das erste Jahrtausend n. Chr. auch die Besiedlung Madagaskars durch Zuwanderer aus Südostasien und im zweiten Jahrtausend erkundete sogar eine chinesische Flotte die Ostküste Afrikas.

Aus den immer wieder aufgesuchten Häfen wurden Städte, in denen eine neue hybride Gesellschaft aus Afrikanern und Seereisenden entstand: die Swahili. Die Holzbauten wichen Häusern aus Korallenkalk; die reichen Bürger bauten Moscheen und Festungen und tauschten Elfenbein, Gold, Bernstein und Sklaven gegen Stoffe, Seide, Tonwaren und Porzellan aus Asien. Swahili als Sprache, dem Typus nach eine Bantusprache, nahm über die Jahrhunderte Elemente aus den Sprachen aller Durchreisenden auf, von den Arabern und Indern bis zu den deutschen und britischen Kolonisatoren.

Die Kultur der Stadtstaaten an der ostafrikanischen Küste, die im 9. und 10. Jh. entstanden – von Lamu und Pate im heutigen Kenya, über

Mit einer Grundfläche von mehr als 5 500 m² ist die Große Moschee von Djenne das größte aus Lehmziegeln errichtet Gebäude der Welt. Im 12. oder 13. Jh. errichtet und im 19. Jh. der Zerstörung preisgegeben, wurde das heutige Bauwerk, das zum Weltkulturerbe zählt, vor dem Ersten Weltkrieg nach den alten Grundrissen und Plänen rekonstruiert.

Der Palast Husuni Kubwa, im frühen 14. Jh. von Sultan al-Hasan ibn Sulaiman erbaut, liegt auf einer steinigen Landzunge und dominiert die Hafeneinfahrt im Norden und die Stadt Kilwa im Westen. Die große Anlage mit etwa 100 Räumen wurde allerdings nie ganz fertig gestellt und war auch nur kurz bewohnt.

Zanzibar und Kilwa bis zum Handelsplatz Sofala in Moçambique – war geprägt durch die Assimilationsfähigkeit großer Handelsplätze. Die Islamisierung formte die Gesellschaft und ihre Rechtssysteme; die Swahilistädte profitierten politisch wie wirtschaftlich von der Einbindung in das islamische Weltsystem.

Die Anlage der Städte zeigt eine deutliche Differenzierung zwischen der Oberschicht, die bis ins 20. Jh. von arabisch-persischen und indischen Zuwanderern gestellt wurde, und dem Volk von afrikanischen Bauern, Hirten, Fischern und Handwerkern. Die Oberschicht übernahm jedoch nicht nur die Sprache, sondern auch zahlreiche Kulturelemente von der einheimischen Bevölkerung. Die Handelsstädte an der Ostküste verdankten ihren Erfolg der Vermittlerfunktion zwischen dem afrikanischen Kontinent, Asien und auch Europa. Von besonderer Bedeutung wurde im 10. Jh. die Goldproduktion im Hinterland von Sofala, die das Reich Zimbabwe und seine Herrscher groß und bekannt machte.

Die Ruinen von Groß-Zimbabwe wurden bereits in der kolonialen Frühzeit Ziel archäologischer Grabungen; deren Ergebnisse standen dem kolonial-rassistischen Weltbild

In ihrem Buch *Africa in World History* (2004) schrieben Erik Gilbert und Jonathan Reynolds über die **Swahili-Gesellschaft zwischen 1000 und 1500**: »In dieser Periode wurde der Indische Ozean zu einer breiten Handelsstrasse, die vom Roten Meer bis China reichte. [...] Das war eine Zeit, in der der Fernhandel bereits solche Dimensionen annahm, dass auch Massengüter wie Reis oder Holz verschifft wurden. [...] Um 1400 konnte ein Patrizier der Swahili sein Haus durchaus mit chinesischem Porzellan schmücken und chinesische Seide tragen, ein persischer Kaufmann, der mit Ostafrika Handel trieb, Reis importiert aus Indien in einer chinesischen Schale essen, und indische Textilarbeiter Stoffe erzeugen, die indische Händler bis nach Ostafrika und Südostasien verkauften.«

diametral entgegen und führten, ebenso wie die politischen Systeme der Reiche im Zwischenseengebiet, zu abenteuerlichen Schlußfolgerungen, nach denen komplexe kulturelle und politische Systeme unbedingt einen anderen als »afrikanischen« Ursprung haben mussten.

Das zentral- und südafrikanische Hinterland

Begünstigten die weiten, offenen Räume Westafrikas und die Islamisierung die Entstehung großer Reiche im Sudan, so förderte das stark gegliederte, durch Bergzüge, Seen und tiefe Flusstäler zerschnittene Innere Ost- und Zentralafrikas in den ersten 1500 Jahren unserer Zeitrechnung die Bildung kleiner politischer Einheiten. Der Islam, stark an der Küste, drang vor dem 19. Jh. nicht ins Landesinnere vor.

Wanderungsbewegungen unterschiedlicher Völker – Jäger und Sammler, Fischer, nomadische Hirten und Bodenbauer – veränderten bis zur Kolonisierung des Kontinents die politische und die Kulturlandschaft dieses Großraums vom Ursprung des Nil bis zum Kap der guten Hoffnung. Die Bantuwanderung hatte Mitte des 1. Jahrtausends das südliche Afrika erreicht. Aus dem Norden zogen nilotische Gruppen mit ihren Herden ins heutige Kenya und ins Zwischenseengebiet. Im Süden teilten sich Viehzüchter und Bodenbauer die unterschiedlichen Kulturlandschaften: Die einen bearbeiteten die eher trockenen Hochlandzonen, die anderen die feuchten Flusstäler. Der Bergbau brachte Kupfer und Gold zutage, beides wurde Richtung Küste gehandelt. Grabbeigaben wie Zeremonialäxte und Kupferkreuze (möglicherweise als Zahlungsmittel verwendet) belegen die lokale Verarbeitung des Metalls.

Der gesamte Raum war bis in rezente Zeit dünn besiedelt; immer wieder trennten sich Gruppen von ihrer Ursprungsgesellschaft, machten unbewohnte Gebiete urbar und gründeten neue Siedlungen. Im Süden hinterließ das Reich mit der Hauptstadt in Zimbabwe – reich geworden durch den Goldhandel – deutliche Spuren; im Norden entstanden aus der Symbiose und Auseinandersetzung von Bauernstaaten und Hirtenvölkern gegen Ende des afrikanischen Mittelalters komplex organisierte, kleine Staaten wie Bunyoro und Buganda, oder weiter im Süden Rwanda und Burundi.

Auf einer Fläche von über 720 ha verteilt, zeugen die Mauern und Gebäudereste von Groß-Zimbabwe von der Macht und dem Reichtum einer Stadt, die zwischen dem 11. und 15. Jh. bestand und bis zu 25 000 Einwohner zählte. Mit dem Niedergang des Handels und der Ankunft der Portugiesen schwand die Bedeutung von Zimbabwe und Herrscher wie Bürger zogen nordwärts.

Der Mythos vom Kulturbringer aus dem Norden

Wie die Ruinen von Zimbabwe forderten die Staaten im Zwischenseengebiet die koloniale Fantasie gewaltig heraus. Als die Deutschen Ende des 19. Jahrhunderts begannen, Rwanda unter ihre Kontrolle zu bringen, beherrschte sein König, der *Mwami*, das Land durch unterschiedliche administrative Systeme: Armee, Verwaltung des Bodens und Verwaltung der Weiden. Indem er diese drei Netze der Macht gegeneinander ausspielte, konnte der »sakrale« König seine Autorität gegenüber den mächtigen Adelsfamilien sichern. Die Herrschaft des regierenden Clans Baninginya über die anderen Tutsiclans und den Rest der Bevölkerung war das Ergebnis von Migrationen sowie gesellschaftlicher wie wirtschaftlicher Differenzierung und Symbiose. Der Prozess der Staatenbildung in den Grenzen des heutigen Rwanda hatte im 12. Jahrhundert begonnen und war bis zur Zeit der belgischen Verwaltung nicht völlig abgeschlossen. Die koloniale Wissenschaft und die Verwaltung – zuerst deutsch, dann belgisch – erklärten diese staatliche Organisation als Folge einer Unter-

Die ethnische Differenzierung der afrikanischen Bevölkerung in »Stämme« wurde durch die koloniale Politik und Wissenschaft sehr intensiv betrieben. Diese Strategie des Teilens und Herrschens verschärfte vorhandene Gegensätze zwischen gesellschaftlichen Gruppen und schuf neue. Besonders schlimm waren die Folgen aus der »Erfindung des Stammes« dann, wenn die neuen Grenzen nicht zwei nebeneinander wohnende Gruppen trennten, sondern innerhalb einer regionalen oder nationalen gesellschaftlichen Einheit wirksam wurden.

werfung der »afrikanischen« Bauern (Hutu) durch zugewanderte »hamitische« (also nicht afrikanische) Hirten (Tutsi). Bestätigt sahen die Kolonialherren ihre Theorie durch das äußere Erscheinungsbild eines Teils der herrschenden Oberschicht. Sie übersahen hingegen nicht nur, dass beide Gruppen ein und dieselbe Sprache hatten und ein gemeinsames politisches und wirtschaftliches System, sondern auch, dass ein Teil des Landes von Hutufürsten regiert wurde.

Der Adel und der König förderten den kolonialen Gründungsmythos. Das geschlossene, beinahe idyllische Bild der Gesellschaft ist ein Ergebnis subjektiver Geschichtsschreibung, deren prominentester Vertreter der Hofgeschichtsschreiber und katholische Geistliche Alexis Kagame war. Die Geschichtserzählung aus der Zeit zwischen den Weltkriegen begründete, mit tatkräftiger Umsetzung durch die Belgier, eine tiefe Spaltung zwischen den Hutu und Tutsi und führte in letzter Konsequenz zum brutalen Völkermord (nahezu 1 Mio. Tote) im Jahr 1994. ■

In Rwanda und Burundi führte die Differenzierung von Hutu und Tutsi seit dem Ende der kolonialen Verwaltung bzw. Mandatsverwaltung durch Belgien zu immer heftiger werdenden Auseinandersetzungen zwischen den beiden Gruppen. Trotz gegenteiliger Behauptungen der verschiedenen Regierungen gelang es weder in Burundi noch in Rwanda, die beiden Teile der Bevölkerung zusammen zu bringen. Geschürt von verantwortungslosen Journalisten und Politikern kam es 1994 zu einem Massenmord an fast einer Million Menschen in Rwanda.

Das »atlantische Zeitalter« – Afrika vom 15.–19. Jahrhundert

Die Periode, die wir in der europäischen Geschichte Neuzeit nennen, brachte für Afrikas Staaten und Gesellschaften eine engere weltweite Vernetzung durch Handel, Verbreitung neuer Nutzpflanzen, Ausbau der Infrastruktur, Islamisierung sowie Expansion. Der Kontinent als ganzer wurde Teil eines durch europäische Mächte kontrollierten Weltsystems mit seinem Zentrum in Westeuropa.

Oben: Der Kakao kann, zumindest wirtschaftlich, als ein afrikanischer Gewinn aus der Globalisierung gesehen werden. Die ersten Pflanzen kamen mit portugiesischen Schiffen aus Brasilien nach São Tomé und von dort verbreiteten sie sich im 19. Jh. nach Westafrika.

Die Staaten Afrikas und die europäischen »Entdeckungen«

Mit der Expansion europäischer Mächte, die nicht primär auf Afrika gerichtet war, sondern einen neuen Zugang nach Asien suchte, veränderte sich das politische und wirtschaftliche Bild des Kontinents. Lagen bis zum 15. Jahrhundert die Zentren Afrikas im Inneren oder an den Küsten des Mittelmeers und des Indischen Ozeans, so wurde jetzt der Atlantik bestimmend.

Westafrikas Küste und Hinterland

Von Mansa Musa, Malis prominentestem König, geht die Sage, er hätte Schiffe auf den Atlantik hinausgeschickt, um ferne Länder zu erkunden. In Wirklichkeit dürfte das Interesse für den fernen Westen bei Afrikas Herrschern bis weit ins 15. Jh. hinein gering gewesen sein. Am westlichen und südlichen Rand der sudanischen Reiche bildeten sich in dieser Zeit

Links: Henry Morton Stanley, 1841–1904, gehörte zu jenen »Entdeckern« Afrikas, die ihre Reisen auf eine sehr öffentlichkeitswirksame Weise zu vermarkten wussten. Leopold II. von Belgien verpflichtete Stanley 1878, um die Grundlagen für die Inbesitznahme des Kongofreistaats zu schaffen.

neue Staaten, mit dem Norden durch Handelsbeziehungen verbunden, doch nur oberflächlich oder bis ins 19. Jh. gar nicht islamisiert. Die Staaten der Wolof und Serer im heutigen Senegal oder die Reiche der Dagomba und Mossi im Norden des heutigen Ghana und in Burkina Faso waren ebenso wie die Stadtstaaten der Hausa im Norden Nigerias Mächte von begrenzter Bedeutung. Die Herrschaft beruhte auf der Kontrolle des Bodens und der Arbeitskraft. Handwerk (Baumwollstoffe, Keramik sowie Geräte und Waffen aus Eisen) und Abgaben auf den Fernhandel trugen darüber hinaus zur Finanzierung der Oberschichten und der staatlichen Organisation bei. Streitigkeiten um die Erbfolge führten zur Sezession von Teilen der Bevölkerung und zur Gründung neuer Staaten und Städte; desgleichen die Niederlassungen der Dyulahändler, die zwischen den Wirtschaftsräumen im Süden und den Zentren im Nigerraum vermittelten. Gehandelt wurden Hölzer, Kolanuss, Palmöl, Fisch oder Meersalz – das Gold der Akanvölker im heutigen Ghana (»Goldküste«) begründete den Ruf Westafrikas als Eldorado. Der Süden importierte Eisen, Kupfer, Zinn, Letzteres für eine hoch entwickelte Form der künstlerischen Metallverarbeitung, dem Gelbguss in verlorener Form.

Die Dyula, die im Inneren Westafrikas in einer Reihe von Staaten ihre Handelsniederlassungen gegründet haben, ließen diese Maske *do muso* (»die Frau des do«) von Künstlern der Lorhon im Norden der heutigen Côte d'Ivoire anfertigen. Da die Dyula mehrheitlich Muslime sind, haben solche Masken aus Gelbguss oder Holz keine sakrale Funktion, wurden (werden) jedoch anlässlich bestimmter Feste (wie id al-fitr, am Ende des Fastenmonats Ramadan) getragen. Eine aus Holz gefertigte *do muso* erzielte bei Sotheby's Paris 2007 einen Preis von fast 170 000 €.

42

Die Lagunen hinter den abweisenden Sandwällen dienten den Händlern an den Küsten als Transportwege.

Statt zentral verwalteter Reiche bildeten sich Konföderationen. Die Siedlungen waren von mächtigen Mauern umgeben, ein Zeichen dafür, dass nicht nur Bodenbau, Handel und Handwerk, sondern auch Raubkriege den Reichtum einzelner Staaten begründeten. Die Überfälle auf Nachbarstaaten und der innerafrikanische Handel verschafften den verschiedenen Zentren Sklaven, die in Dörfern rund um die Städte angesiedelt, die Versorgung der Bürger sicherstellten und die Bildung einer »nichtproduktiven« Oberschicht möglich machten.

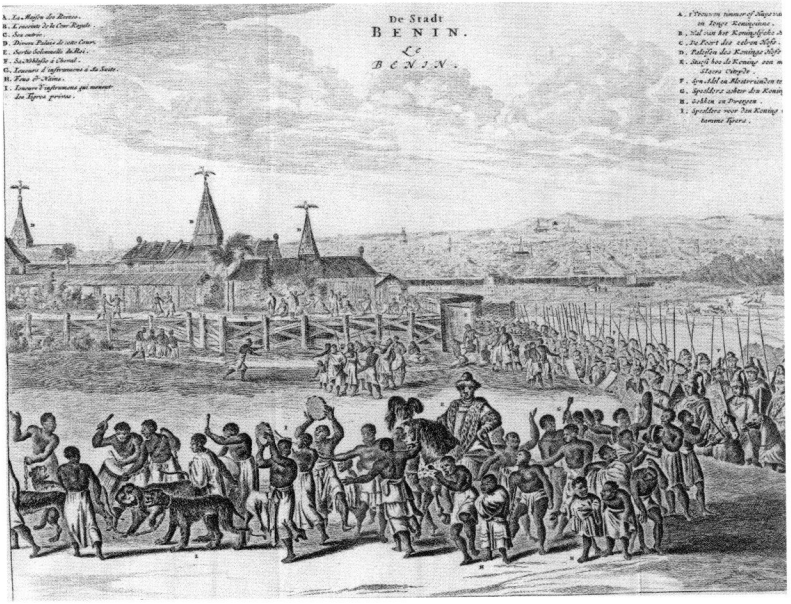

In seiner *Naukeurige Beschrijvinge der Afrikaensche gewesten.* (Amsterdam 1668) / *Umständliche und eigentliche Beschreibung von Afrika* (Amsterdam 1670) gibt Olfert Dapper eine recht ausführliche Darstellung der reichen Stadt Benin. Der Stich zeigt im Vordergrund den König, umringt von Zwergen, Musikern und Dienern mit Leoparden, im mittleren Teil den Palast – »so groß wie die Stadt Harleem« – und die Stadt Benin im Hintergrund, umgeben von einer Mauer.

In den Waldzonen wurde der isolierte Charakter der einzelnen Staaten deutlich: Die Igbo im Südosten des heutigen Nigeria waren bis zur Kolonisierung in Dorfrepubliken und Fürstentümern organisiert, die sich durch Geheimgesellschaften und religiöse Einrichtungen zu größeren Bündnissen zusammenfinden konnten. Im mittleren Ghana entstand im 17. Jh. als eine Föderation von Staaten der Akan das Königreich Asante, ein hoch komplexes, politisches Gebilde, dem wirtschaftliche, bürokratische und religiöse Institutionen Macht und Beständigkeit verliehen.

Im mittleren Nigeria waren es die Yoruba (Ile-Ife, Oyo) und die Edo (Benin), die zu einer beachtlichen politischen und kulturellen Blüte fanden.

Das Fort Elmina liegt direkt am Strand, 1482 von den Portugiesen erbaut, in einer kleinen Stadt ca. 10 km westlich von Cape Coast gelegen. Die Niederländer eroberten es 1637 und verkauften es 1874 an die Briten; es zählt heute zum UNESCO-Weltkulturerbe.

Zwei Faktoren beeinflussten die politische und wirtschaftliche Entwicklung wesentlich: die Verbreitung und der militärische Einsatz von Pferden und von Feuerwaffen. Letztere kamen mit der Intensivierung des atlantischen Handels vor allem von der Küste; die Pferde sicherten bis ins 19. Jh. die militärische Überlegenheit der Savannenstaaten (wie Kanem-Bornu), die Tsetsefliege setzte diesen Raubzügen ein Ende.

Der Handel mit Feuerwaffen war für die europäischen Lieferanten bei weitem nicht so ertragreich wie andere Sparten, er florierte dennoch. Der Absatz von 20 Millionen Gewehren zwischen 1600 und 1850 veränderte die Beziehungen zwischen afrikanischen Staaten stärker als zwischen Afrikanern und Europäern, die erst in der zweiten Hälfte des 19. Jh. eine deutliche waffentechnische Überlegenheit gewannen. Aufgrund der atlantischen Nachfrage nach Sklaven, Gold und Elfenbein sowie der Waffenimporte nahmen Konflikte und Unsicherheit zu. Manche Staaten im Hinterland der Küste sicherten sich Macht und Reichtum als Beschützer des Handels und durch Monopole auf bestimmte Güter, während die großen Reiche im Inneren Westafrikas zerfielen.

Portugals Aufbruch nach Asien und die Königreiche Zentralafrikas

Portugals Begegnung mit Afrika war zu Beginn – und das belegen die europäischen Quellen wie auch die afrikanische mündliche Tradition – eine Begegnung auf Augenhöhe. Monarchen sahen sich Monarchen gegenüber, abgesehen vom Einsatz der Schrift unterschieden sich die Institutionen des Staates wenig. Technologisch hatten die Portugiesen einen deutlichen Vorsprung bei der Herstellung von Schiffen und Feuerwaffen, was die Metallbearbeitung und die Herstellung von Stoffen betraf, konnten sie von Afrika lernen.

1434 umrundete Gil Eanes das Kap Bojador, 1444 erreichte Lançarote de Freitas die Senegalmündung (und kehrte mit Sklaven zurück). 1482 errichteten die Portugiesen Elmina an der »Goldküste«; die Goldvorkommen gaben dem Fort den Namen, der Handel mit Sklaven machte es später unrühmlich berühmt.

Die Schiffe der Portugiesen verschafften dem Handel an der Atlantikküste eine neue Dimension: Stoffe aus Benin gegen Gold der Akan, Sklaven aus dem Kongo für den Goldbergbau und die Landwirtschaft weiter im Norden – der Handel in diesem Raum war nicht mehr nur auf kleine Boote und Träger angewiesen, sondern weitete sich aus. Damit stiegen die Bedeutung der afrikanischen Staaten an der Atlantikküste und die Rentabilität der europäischen Schifffahrt.

Südlich der Kongomündung war im späten 15. Jh. ein zentral regierter Staat, der (ba)Kongo, entstanden, der mit Reichen wie Loango (nördlich) und Ndongo weiter südlich im Wettbewerb um Handel und regionale Kontrolle stand und die Ankunft der Portugiesen zum eigenen Vorteil nutzte. 1484 landete Diogo Cão im Königreich Kongo, hinterließ vier Mitreisende und brachte vier kongolesische Adelige nach Europa. Die Beziehung zwischen den Eliten intensivierte sich, Christianisierung und Technologietransfer waren verbunden mit Handelsbeziehungen. Portugiesische Soldaten unterstützten den Manikongo (»König«) Nzinga gegen seine Feinde. Was das Volk von den

> Von den solcherart wider Wissen und Willen in eine neue Welt integrierten afrikanischen Menschen hatten wahrscheinlich nur wenige eine klare Vorstellung davon, was mit ihnen da geschah. In seinem Buch ***Africa's discovery of Europe*** schreibt David Northrup dazu: »Wie Menschen auch anderswo, versuchten die Afrikaner, die neue Erfahrung aus dem heraus zu verstehen, was ihnen der eigene kulturelle Rahmen an Möglichkeiten bot. [...] Sie setzten unterschiedliche Testmethoden ein, um herauszufinden, ob diese Europäer Menschen waren wie sie selbst, versuchten die rosa Hautfarbe abzuwaschen, sahen nach, ob diese Lebewesen Kiemen hatten, zählten Finger und Zehen und so fort. Ein noch größeres Problem für die meisten Afrikaner war die geographische Positionierung Europas.«

Europäern hielt, ist nicht wirklich überliefert, das neue Fenster zur Welt wurde jedoch für viele Kinder des Königs ein Tor zur Hölle.

1494 teilte Papst Alexander VI. im Vertrag von Tordesillas die Welt zwischen Spanien und Portugal – ein Teil des heutigen Brasilien lag noch diesseits der Grenzlinie (46° 37' West) in der Einflusszone Portugals. Auf dem Weg von Brasilien nach Portugal brachten die Kaufleute Güter und Pflanzen aus Amerika nach Afrika, zunehmend aber in umgekehrter Richtung Sklaven zu den Kolonien Süd- und Zentralamerikas. Den Versuch, Zuckerplantagen auf São Tomé zu errichten, gaben die Portugiesen bald wieder auf; Brasilien dominierte die Zuckerproduktion im 16. Jh. – und Afrika musste die dafür notwendige Arbeitskraft liefern.

Die Afrikaner blieben (zu Recht) misstrauisch den Portugiesen gegenüber. Die Parteinahme in Konflikten machte die Portugiesen zu Feinden der einen, zu unsicheren Freunden der anderen; der Erfolg im Handel war ihnen wichtiger als der Respekt vor dem Partner. Alkohol, indische Baumwollstoffe, Waffen oder Kaurischnecken waren das Angebot – eingetauscht wurden vor allem Sklaven. Mit der steigenden Nachfrage

Vom italienischen Architekten Giovanni Cairato 1598 erbaute Befestigungsanlage. Sie liegt auf einer der Stadt Mombasa/Kenya vorgelagerten Insel und diente den Portugiesen als Stützpunkt für die Reise nach Indien. Ende des 17. Jh. ging die Festung in den Besitz der Herrscher von Oman bzw. ihrer Statthalter in Mombasa über.

wuchs die Unsicherheit in weiten Teilen West- und Zentralafrikas. Kriege und räuberische Überfälle häuften sich. Mit dem Zusammenbruch des Kongoreiches Anfang des 18. Jh. hatten die Portugiesen im heutigen Angola Fuß gefasst, doch ohne in der Region besonderen Einfluss zu haben. Für Portugal war Brasilien wichtiger als Afrika, und die Konkurrenz neuer expansiver Mächte – die Niederlande, Schweden, Dänemark, Brandenburg, Frankreich und Großbritannien – hatte das »Monopol« längst zunichte gemacht.

Portugiesische Expansion und die Veränderungen im Indischen Ozean

1485 umsegelte Bartolomeu Dias (ungewollt, wie die Erzählung meint) die Südspitze Afrikas und landete am Weihnachtstag an der Küste des heutigen Natal. Die neuzeitlichen Eroberer nahmen die Welt nicht nur räumlich, sondern auch sprachlich in Besitz: Der Ankunftsort wurde nach dem Ankunftstag benannt – Natal heißt Weihnachten. Andere benannten ihre Entdeckungen nach hochrangigen Persönlichkeiten, gleich, ob da bereits jemand die Region für sich eingenommen hatte oder nicht. So bekam Mauritius seinen Namen nach Moritz von Nassau, die Franzosen widmeten die Seychellen dem Finanzminister Ludwig XV., Comte Moreau de Sechelles, Königin Victoria »erhielt« den größten See des Zwischenseengebietes – die Araber begnügten sich damit, die Komoren als Mondinseln (arabisch *kamar* für »Mond«) zu bezeichnen.

Vasco da Gama stieß weiter Richtung Indien vor und traf auf die islamischen Stadtstaaten Ostafrikas. Mit den Portugiesen kam Krieg in die durch Handel bestimmte Welt des Indischen Ozeans. Mit Vasco da Gamas Unterstützung attackierte der Sultan von Malindi Mombasa; die Flotten auf den Spuren da Gamas eroberten und plünderten alle bedeutenden Swahilistädte, bauten Befestigungsanlagen wie Fort Jesus in Mombasa, hatten ihre Interessen allerdings eher in Asien als in Afrika.

Während im 17. Jh. arabische Invasoren aus dem Oman die portugiesische Macht an der Swahiliküste brachen, gelang es portugiesischen Agenten im heutigen Moçambique entlang des Zambeziflusses ins Landesinnere vorzudringen und dort in Form der *prazos* Besitztümer zu schaffen, die Charakteristika eines europäischen Lehens und Institutionen afrikanischer Herrschaft vereinten.

Aus heutiger Sicht überraschen die Macht dieser afrikanisierten Lehnsherrn und die hohe Bereitschaft zur Assimilation. Portugiesen,

Afrikaner, Inder, Afro-Indo-Portugiesen, Chinesen – unter den *prazeiros* war Herkunft und Nation kein Kriterium. Sie lebten von »ihren« Bauern, betrieben Landbau mit Sklaven, beuteten Minen aus, bezogen Einkommen aus Handel und Dienstleistungen für die Schifffahrt und waren in Zeiten des Umbruchs räuberische Kriegsherren. Von der portugiesischen Krone oder von einheimischen Herrschern waren sie, einmal belehnt, weitgehend unabhängig. Erstaunlich ist auch die starke Position der Frauen, die die Rechtstitel der *prazos* hielten und ihren Töchtern vererbten.

Oman weitete unter der Dynastie der Yarubi seinen wirtschaftlichen und politischen Einfluss im Indischen Ozean aus, gebot im Norden der ägyptisch-osmanischen Expansion Einhalt, und vertrieb die Portugiesen aus ihren Küstenbesitzungen. Die Omanis waren als Anhänger des Ibadi-Islam toleranter als Vertreter der beiden anderen Richtungen (Sunna und Schia). Unter ihrer Kontrolle entwickelte sich der Indische Ozean bis ins 19. Jh. hinein als offener Raum, in dem holländische, französische und britische Kolonisten, europäische Aussteiger und politische Vertriebene, amerikanische Seeräuber, arabische Kaufleute und herrschende Familien, afrikanische Sklaven, Seeleute und Söldner ihren Platz hatten und beitrugen zur Entstehung verschiedener hybrider (»kreolischer«) Gesellschaften.

Zentrales und südliches Afrika: Bauern, Hirten und Kolonisten

Im Zwischenseengebiet und im heutigen Uganda festigten zwischen dem 15. und 19. Jh. Königreiche wie Rwanda, Bunyoro oder Buganda ihre Kontrolle über Dörfer und Regionen und bauten jene inneren administrativen Strukturen aus, die den britischen Kolonialbeamten und späteren Generalgouverneur Nigerias, Lord Lugard, dazu veranlassten, das »ugandische Modell« als *indirect rule* den britischen Kolonien in Afrika insgesamt zu verordnen.

Weiter östlich und südlich blieben die Völker bis weit ins 19. Jahrhundert hinein in Bewegung. Der überwiegende Teil der Bevölkerung im östlichen und südlichen Afrika sprach Bantusprachen. Von den übrigen gelangten die Maasai, ein Hirtenvolk mit einer nilotischen Sprache, am weitesten nach Süden, bis ins heutige Tanzania. Sprachlich unterschiedlich waren auch die Nachfahren der alten Bevölkerung, Jäger und Sammler, wie die Minorität der Sandawe im heutigen Tanzania, oder die Bewohner von Rückzugsgebieten, wie die San in den Wüsten des südlichen Afrika. Eine weitere verdrängte Minorität, die Pygmäen, sprechen Bantusprachen.

Wir wissen aufgrund von Ausgrabungen und mündlichen Überlieferungen von den Staaten der Luba und Lunda in der heutigen Demokratischen Republik Kongo und in Angola. Weiter südlich kam es in der von Shona bewohnten Region zur Entstehung Zimbabwes, das durch den Goldhandel reich und bekannt wurde.

Sotho und Tswana, in erster Linie Viehzüchter, hatten bei ihrer Südwanderung spätestens im 15. Jahrhundert das heutige Transvaal und Oranje Freistaat erreicht. Andere Bantugruppen, wie die Nguni oder Nyamwezi, zogen auch wieder nord- und westwärts, stießen bei ihrer Suche nach Raum zuletzt auf die kolonisierenden Briten und Deutschen, und verloren in heftigen Auseinandersetzungen mit den Europäern Ende des 19. Jh. ihre Expansionskraft und Souveränität.

Die politische und wirtschaftliche Vielfalt kann einerseits mit der dünnen Besiedlung des Raumes, andererseits mit der naturräumlichen Gestaltung erklärt werden: trockene Hochebenen, fruchtbare und feuchte Flusstäler, offene Savannen und geschlossene Waldgebiete. Letztlich wissen wir über die meisten Staaten und Völker wenig, was nicht auf ethnologisch basierter Rekonstruktion der Vergangenheit beruht.

Das nützte ein neuer »Stamm« von Zuwanderern, um sich selbst das Primat im südlichen Afrika zuzuschreiben: 1652 errichtete die Niederländische Ostindien-Kompanie einen Stützpunkt am Kap der Guten Hoffnung und bald darauf ließen sich die ersten europäischen Siedler auf Dauer nieder. Sie eigneten sich Land, Vieh und Wasserrechte an und vertrieben die Khoikhoin, die bis dahin im Gebiet der entstehenden Kapkolonie ihre Weideflächen gehabt hatten. Den Bedarf an Arbeitskraft deckten sie anfangs durch (zwangsweise) Verpflichtung der Vorbevölkerung und bald auch durch den Kauf von Sklaven aus dem heutigen Moçambique und aus Madagaskar sowie aus Südasien.

Aus dem Versorgungsstützpunkt der niederländischen Kolonialgesellschaft wurde eine Siedlerkolonie, die Weizen und nach 1780 vor allem Wein exportierte, die geprägt war von kulturellen und politischen Gegensätzen, und deren große Zeit mit der Entdeckung von Diamanten und Gold sowie der massiven europäischen Zuwanderung ab den 1860er Jahren begann.

Die Buren

Im äußersten Süden Afrikas begann die Kolonisierung früh. Aus der Begegnung niederländischer Auswanderer mit der afrikanischen Bevölkerung entstanden jedoch weder eine kreolische Gesellschaft, wie auf den Inseln des Indischen Ozeans, noch ein exotischer Feudalismus wie der der portugiesischen *prazeiros*. Christliche Bauern, »Buren«, machten sich zu Herren über das Land, das ihnen nach ihrer Denkweise Gott zugedacht hatte. Es war <u>ihr</u> Gott, in dessen Namen sie Menschen anderer »Rasse« unterdrücken, ausbeuten und entrechten durften.

Die Auseinandersetzung mit afrikanischen Völkern war ein Konflikt, an dem sowohl Bauern als auch Viehzüchter auf der Suche nach neuen Lebensräumen beteiligt waren. Beide bewährten sich als Pioniere, Räuber und Viehdiebe, doch mit fortschreitender Zeit wurde der Wettbewerb um die Güter des Landes umgebogen zu einem Kampf zwischen »Zivilisation« und »Barbarei«. Der Mythos des »weißen Südafrika« als Bollwerk der »Demokratie« gegen den Ansturm der »Primitiven« und der »Kommunisten« entstand Mitte des 20. Jh. aus der geschichtlichen Erfahrung des Wettbewerbs zwischen Afrikanern und europäischen Siedlern.

Waren die Bantuvölker auf dem Kontinent nach Süden gezogen, so weiteten die Buren ihr Gebiet nach Norden aus. Bewaffnete Auseinandersetzungen, aber

m Capo bonae Spei. zu ackern pfleget. B. wie daselbst die Ochsen zusamen gejochet werden

auch wirtschaftliche Synergien von Bantu und Buren kennzeichneten die Geschichte im 18. und 19. Jahrhundert.

Für die Khoikhoin und San, die »Urbevölkerung« Südafrikas, brachte die Landnahme der Buren Vertreibung, Versklavung und teilweise Mestizierung zu »Bastarden« oder »Coloureds«. In über 23 % der weißen Gründerfamilien gab es zwischen 1688 und 1807 »nicht-weiße« Ehefrauen. Ein Ergebnis euroafrikanischer Kontakte ist nicht zuletzt das Afrikaans, das sich aus Niederländisch und afrikanischen Sprachen entwickelte. Die Bantuvölker, ökonomisch und politisch stärker, hielten der europäischen Aggression stand; es wurde ihnen jedoch Schritt für Schritt die Freiheit des Handelns genommen.

Nach dem Zusammenbruch der Niederländischen Ostindien-Kompanie wurde das Kapgebiet 1806 britische Kolonie. Zu den burischen Siedlern kamen britische Einwanderer. Sklavenhandel und Sklavenhaltung wurden 1807 bzw. 1834 verboten; die Siedler reagierten darauf mit gesetzlichen Maßnahmen zur Disziplinierung der für sie notwendigen billigen Arbeitskraft. Jeder Versuch einer rechtlichen Besserstellung dieser »Arbeitskraft« war ein Schlag gegen das Einkommen und die soziale Position der Buren, während die besser situierten englischen Einwanderer, ihre Investitionen in Gewerbebetriebe, Industrie und später in den Bergbau und das Verkehrswesen steckten. Sie waren an einem verfügbaren Grundstock an Arbeitskräften ebenso interessiert wie an der Kaufkraft der Arbeiter als Konsumenten.

Die Differenzen mit den Engländern führten schließlich zur Abwanderung von etwa 14 000 Buren, zum »Großen Trek«, der zwischen 1835 und 1843 ein Vordringen in und eine Besiedlung der von Bantu bewohnten Gebiete nördlich und östlich der Kapprovinz zur Folge hatte. Die militärische Überlegenheit der Buren und Rivalitäten zwischen den Bantuvölkern brachten den Siedlern immer mehr Land, zuerst in Natal, dann in Oranje Freistaat und in Transvaal. Selbst die Zulu unter dem Shaka-Nachfolger Dingane, die den Buren und Engländern militärisch noch am ehesten gewachsen waren, mussten sich nach der Schlacht am Blood River 1838 zurückziehen. Der Trek, von den Buren mit dem Auszug aus Ägypten verglichen, und der Sieg über die afrikanische Bevölkerung, begründeten einen Mythos weißer Überlegenheit, der bis in die Gegenwart wirksam blieb. ∎

Dem Markgrafen von Brandenburg gewidmet und als Briefe formuliert gibt Peter Kolb einen ausführlichen Bericht von seiner Reise an das Kap der Guten Hoffnung. Darin schreibt er u.a. über die »Hottentotten« (Khoikhoin), sie hätten zwar nicht die Erfahrung und die Lebensart der Europäer, wären jedoch »in ihrer Art klug genug, und wissen ihren Verstand eben so gut als ein anderer Mensch anzuwenden«.

Nordafrika unter osmanischer Herrschaft

Im Mittelmeerraum hatten sich nach dem Ende der Kreuzkriege und der Rückeroberung der Iberischen Halbinsel mit den christlichen Königreichen Aragon, Kastilien und Portugal im Westen und dem Osmanischen Reich im Osten zwei neue Großmachtblöcke gebildet, die die wirtschaftlichen wie politischen Aktivitäten der oberitalienischen Handelsstädte wie der islamischen Staaten in Nordafrika entschieden beeinflussten.

Während Spanien auf dem afrikanischen Kontinent Brückenköpfe wie Ceuta, Tanger, Mellila oder Tunis besetzte, breitete sich das Osmanische Reich nach der Eroberung Konstantinopels 1453 in Vorderasien und Nordafrika immer weiter aus. Die Mameluken, die 1250 die Macht in Ägypten übernommen hatten, mussten 1516 die Überlegenheit der osmanischen Janitscharen akzeptieren. Sie blieben jedoch als Grundherrn und in der Verwaltung einflussreich und Anfang des 18. Jh. musste das geschwächte Osmanische Reich den Mameluken wieder die Regierung überlassen.

Die Zeit der Mameluken wie der osmanischen Statthalter war geprägt durch wirtschaftliche Erfolge und kulturelle wie wissenschaftliche Blüte, zugleich jedoch auch durch häufige Regimewechsel, Kriege, Enteignung von Land für die fremden Eroberer und von schweren Steuerlasten für die Bevölkerung. Immer wieder ausbrechende Pestepidemien reduzierten die Bevölkerung Ägyptens wie anderer Regionen Nordafrikas.

Algier, Tunis und Tripolis gelang es zwar mit Unterstützung der Türken Spanien zurückzudrängen; die arabischen Herrscherfamilien mussten jedoch auch zulassen, dass osmanische Regenten und türkische Eliten die Regierung übernahmen. Das nordafrikanische Hinterland blieb berberischen Kriegsherrn überlassen, und die Korsaren, die vor allem von Algier aus den Handel im Mittelmeer durch ihre Überfälle bedrängten, kamen der Hohen Pforte gelegen.

Die arabische und berberische Bevölkerung verbanden der Islam und der Austausch von Vieh und Getreide. Die türkische Oberschicht lebte in den Städten und stützte sich beim Eintreiben der Tribute (Steuern) auf die einheimische Führungsschicht. In den Städten war über die Jahrhunderte eine multikulturelle Gesellschaft entstanden: Unter den über 100 000 Einwohnern von Tunis Mitte des 18. Jh. gab es neben Arabern, Berbern und Türken andalusische Muslime und jüdische Migranten aus Europa, Fischer, Handwerker und Tagelöhner aus Sizilien, Neapel und Malta, Söldner aus Korsika und vom Balkan, italienische, französische

und britische Agenten. Gut ein Zehntel der Einwohner waren christliche Sklaven.

Als einziger Staat Nordafrikas geriet Marokko nicht unter die Kontrolle des Osmanischen Reiches. Portugiesen und Spanier konnten zu Beginn der Neuzeit zwar Niederlassungen an den Küsten errichten, sich aber nicht durchsetzen. Unter den Alauiten, der Dynastie, die bis heute Marokko regiert, kam es im 17. und 18. Jahrhundert zu einer kulturellen und wirtschaftlichen Blüte, während das 19. Jahrhundert durch Niedergang und zunehmende Abhängigkeit von europäischen Mächten gekennzeichnet war.

Marokko nahm politisch, religiös und wirtschaftlich Einfluss auf die Gesellschaften im Süden (von wo auch die Mehrheit seiner regierenden Familien kam), zugleich waren seine Handelsvertreter in den europäischen Zentren präsent. Gold und Sklaven, Gummiarabikum und Straußenfedern kamen durch den Transsahara-Handel nach Nordafrika und Europa – aufgrund des Atlantikhandels verloren die Endpunkte des innerafrikanischen Handels im Maghreb und in Tripolitanien jedoch an Bedeutung.

Die Schebecke kam im Mittelmeerraum gegen Ende des 17. Jh. in Gebrauch und löste die Galeere und ähnliche kleinere Schiffe in der Verwendung als Kaperschiffe ab.

53

Afrikas wirtschaftliche Rolle in einem neu entstehenden Weltsystem

Entschieden in den ersten Jahrhunderten der atlantischen Periode die afrikanischen Handelspartner wo, wann und zu welchem Preis sie eine bestimmte Ware anboten, und versperrten den Karawanen der indisch-arabischen Kaufherrn ebenso wie den Europäern den Weg ins Innere, so erzwangen sich im 18. Jh. Araber wie Europäer allmählich den Zugang zu den Produzenten. Im 19. Jh. schließlich verloren Afrikas Gesellschaften die Kontrolle über den Handel, die Tauschwerte der Waren (*terms of trade*) und am Ende auch über die Produktion.

Der Sklavenhandel – seine Bedeutung für Afrika und die Entstehung einer globalen Ökonomie

Sklaven unterschiedlichen Status gab es mit hoher Wahrscheinlichkeit in allen komplexen Gesellschaften der bekannten Welt. Mit der Ausweitung der Agrarproduktion im Mittelalter stieg die Nachfrage nach unfreier Arbeitskraft. Die Araber hatten das Zuckerrohr in den Nahen Osten und ins Mittelmeer gebracht; auf seinen Zuckerrohrplantagen im östlichen Mittelmeer setzte Venedig u.a. unfreie Arbeitskraft aus dem Schwarzmeerraum (»Slawe«, *slave*, »Sklave«) ein. Mit der Machtübernahme der Osmanen über das östliche Mittelmeer verlagerte sich nicht nur die Zuckerproduktion in den Atlantik (Madeira) und schließlich nach Amerika, sondern auch die gewaltsame Versorgung mit Arbeitskräften.

Die Portugiesen versuchten zuerst entlang der Küste Mauretaniens und dann im Senegal die Nachfrage zu decken. Für nahezu 100 Jahre waren die Wolof-Staaten die wichtigsten Partner im atlantischen Sklavenhandel, und je mehr die Nachfrage stieg, desto brutaler wurden die Aufbringung und der Handel mit Menschen.

Unfreie Arbeitskraft in unterschiedlicher Verwendung war jenen afrikanischen Gesellschaften, in denen »parasitäre« Gruppen Herrschaft und wirtschaftliche Kontrolle innehatten, durchaus vertraut. Sklaven als »Ware« kannte der Transsaharahandel wie der Handel im Indischen Ozean. Mit dem atlantischen Sklavenhandel kam jedoch eine Form der bedingungslosen und zeitlich unbegrenzten Enteignung, die »Besitzskla-

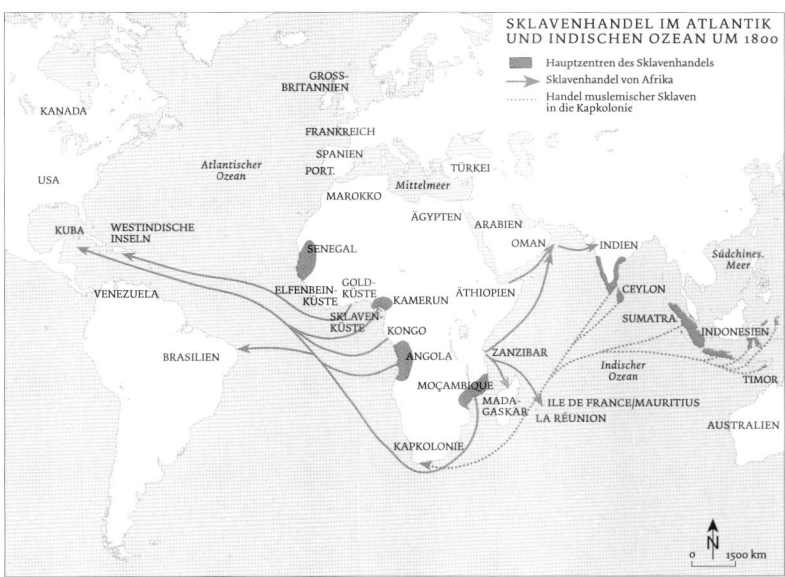

verei«, und ab dem 17. Jh. nahm die Zahl der in die Sklaverei verkauften Afrikaner immens zu. Aufgrund von Transportlisten können wir schätzen, dass die Zahl der nach Amerika verschifften Menschen von rund 10 000 pro Jahr auf etwa 100 000 pro Jahr Ende des 18. Jh. stieg. Die harten Arbeitsbedingungen auf Plantagen und im Bergbau ließen selbst die an das tropische Klima angepassten Menschen aus Afrika nicht lange überleben. So die Sklavenhalter hinreichend und billig zu Nachschub kamen, schonten sie ihre Sklaven nicht, und es kam in den Tropen, anders als im Süden der Vereinigten Staaten, nicht zu einem natürlichen Zuwachs der Sklavenbevölkerung.

Eine Einschätzung der Opferzahlen muss berücksichtigen, dass kaum die Hälfte der Menschen, die durch Sklavenjäger aufgebracht wurden, die Sklavenmärkte in Übersee erreichte. Nicht wenige wurden bei den Überfällen auf friedliche Dörfer ermordet oder begingen lieber Selbstmord, als sich in ein Sklavendasein zu fügen. Von den Überlebenden fielen während der Überfahrt zwischen 20 und 40 % Unterernährung, Krankheiten, brutaler Behandlung oder Schiffbruch zum Opfer.

Bis ins ausgehende 18. Jh. waren die Sklavenhändler auf ihre Lieferanten angewiesen; Sklavenküste hieß der Küstenstreifen vom heutigen Togo bis Nigeria. Asante, Dahomey oder die Yorubastaaten beteiligten sich ebenso wie die Küstenstaaten im Kongoraum an diesem Handel.

Die Staaten der Wolof, Asante und Yoruba und die Reiche Dahomey und Kongo waren Partner von Portugiesen, Niederländern, Franzosen, Briten, Amerikanern und Skandinaviern im Handel mit Sklaven. Um 1800 erreichte er seinen Höhepunkt; andererseits begann in dieser Zeit auch die von Großbritannien geführte Kampagne zu seiner Abschaffung. Afrika war allerdings nicht nur Quellgebiet des Sklavenhandels; Sklaven aus Asien und Europa wurden vor allem nach Südafrika, aber auch nach Ägypten und in Plantagengebiete in Ostafrika und auf den Inseln im Indischen Ozean gebracht.

Der Sklavenhandel und seine Folgen

Der wissenschaftliche wie der allgemeine Diskurs über den Sklavenhandel und seine Folgen werden seit gut 150 Jahren kontrovers und heftig geführt. Mit der Unabhängigkeit der afrikanischen Staaten und der Belebung der Beziehungen der afrikanischen Diaspora zum Kontinent – beispielhaft dafür Alex Haleys Roman *Roots* und seine diversen medialen und touristischen Umsetzungen – hat sich die Diskussion intensiviert. Die Nachfahren der nach Amerika Verschleppten forderten bereits im 19. Jh. Entschädigung für die geleistete Sklavenarbei; Großbritannien finanzierte 2007 das Gedenken an die Abschaffung der Sklaverei vor 200 Jahren mit 16 Mio. Pfund – von einer Kompensation des wirtschaftlichen und humanitären Schadens ist man auch im Vereinigten Köngreich noch weit entfernt. Die aktuelle Diskussion um Reparationen verbindet diese mit der afrikanischen Schuldenkrise und der Verpflichtung zur Leistung von Entwicklungshilfe.

1987 kam es zu einer Klage und Schadenersatzforderung von 300 Mrd. US-$ gegen die amerikanische Regierung. Eine globale Dimension erhielten die Forderungen nach Wiedergutmachung 1992 durch die Gründung einer *Group of Eminent Persons on Reparations* im Rahmen der Organisation der Afrikanischen Einheit. Vor dem Hintergrund dieser öffentlichen Diskussionen sind auch die unterschiedlichen wissenschaftlichen Positionen zu verstehen, die von Historikern in Bezug auf die Opferzahlen und Verantwortung für den Sklavenhandel vertreten werden.

Der guayanische Historiker Walter Rodney – der Autor von *How Europe underdeveloped Africa* – sah in der Sklaverei eine Folge der Kontakte Afrikas mit der alten Welt. Eine andere Sichtweise vertritt der amerikanische Historiker John Thornton, der in seiner Studie über das Königreich Kongo die Ursache für die Entstehung der Sklaverei in der Entwicklung eines komplexen politischen Systems in Verbindung mit Knappheit an Arbeitskraft sieht. Die Sklaverei war aus dieser Sicht – auch – eine afrikanische Institution.

Unterschiedliche Auffassungen gibt es weiter dahingehend, ob und inwieweit afrikanische Staaten von der Jagd nach Sklaven und vom Handel profitierten. Das westafrikanische Reich Dahomey etwa, meinte Patrick Manning, wäre wirtschaftlich aufgestiegen, wenn sich die Region niemals am Export von Sklaven beteiligt hätte. Der Sklavenhandel bezog Dahomey zwar in die Weltwirtschaft

ein, aber die Bedingungen des Handels und die Art der Produkte hätten die Vorteile aus dieser frühen Einbindung zunichtegemacht. Ohne den Sklavenhandel hätte es in der Region ein spürbar höheres Wirtschaftswachstum gegeben.

Wie viele Menschen waren Opfer des atlantischen Sklavenhandels? Schätzungen auf der Basis von Handelsregistern, Augenzeugenberichten und Beschreibungen von Sklavenmärkten reichen von 9 Mio. bis über 100 Mio. Weitgehend Übereinstimmung herrscht letztlich für eine Zahl zwischen 11 und 14 Millionen.

Zuletzt bemühten sich die Historiker auch zu klären, ob der Profit aus dem atlantischen Sklavenhandel die Grundlage für die industrielle Revolution und die Entstehung des Kapitalismus in Europa bildete. Eric Williams, Historiker und lange Jahre Regierungschef von Trinidad, vertrat in seinem 1944 erschienenen Buch *Capitalism and Slavery* diese These, und sah in der Abschaffung des Sklavenhandels durch die Briten im Jahr 1807 weniger ein humanitäres, als ein ökonomisches Projekt, weil die Kosten der Sklavenarbeit die Kosten von Lohnarbeit zu übersteigen begannen.

Die Wirtschaftsgeschichte räumt inzwischen anderen Faktoren, wie etwa den Beziehungen Westeuropas zum Ostseeraum, dem Import (und Re-Export) von Silber aus Mittelamerika, oder der Umstellung der Landwirtschaft in Europa höheres Gewicht als dem Sklavenhandel ein – dennoch bleibt der Beitrag Afrikas zur Entwicklung eines kapitalistischen Weltsystems wesentlich. Im Prinzip formulierte Walter Rodney richtig: Die Entwicklung der Industriestaaten hatte die Unterentwicklung Afrikas als Voraussetzung. ■

Mit seinem Roman *Roots*, der fiktiven Geschichte eines Vorfahren aus Gambia, gelang es Alex Haley das Thema Sklaverei weltweit zum Thema zu machen. Das Buch erschien 1976, doch brachte vor allem die Verfilmung das Schicksal der nach Amerika verschleppten Afrikaner einer breiten Öffentlichkeit nahe; 130 Mio. Menschen sahen die Fernsehserie und zahlreiche schwarze Amerikaner machten sich davon motiviert auf die Reise nach Afrika und die Suche nach ihren »Wurzeln«.

Damit verschoben sich nicht nur die Machtverhältnisse zwischen den afrikanischen Staaten, sondern auch innerhalb der politischen Systeme. Aus Staaten mit egalitärem Charakter oder komplexen Gesellschaften, in denen die Eliten Verantwortung für die gesamte Gesellschaft trugen, wurden politische Systeme, die in erster Linie der Bereicherung einer kleinen Oberschicht dienten. Diese Tendenz verstärkte sich bis zur Bildung der »Freibeuterbourgeoisie« im Afrika der zweiten Hälfte des 20. Jh.

Von der Aufhebung der Sklaverei zum legitimen Handel

Seinen Höhepunkt erreichte der Sklavenhandel im 18. Jahrhundert – das betraf sowohl den Umfang als auch die Gewinne, die zu erzielen waren. Portugiesen, Niederländer, Franzosen und Briten, aber auch Händler anderer Nationen teilten sich den Markt. Je 2/5 der Verschleppten gingen in die Karibik und nach Brasilien, etwa 5 % nach Nordamerika. Im Indischen Ozean hatte der Handel mit Sklaven geringere Dimensionen, doch auch hier brachte das ausgehende 18. Jh., als immer größere Teile der Inselwelt und der Küstenregionen in die globale Güterproduktion einbezogen wurden, eine Ausweitung.

In seiner *Histoire de l'expédition des Français à Saint-Domingue* (1825) schrieb Antoine Métral über den in französischer Gefangenschaft umgekommenen Führer im Freiheitskampf: »So also starb im Monat April 1803 **Toussaint-Louverture, Enkel eines afrikanischen Königs**, er war Sklave, Soldat, General, Gouverneur. Ein Mensch von seltener Begabung. Er hatte jene Fähigkeiten, die es brauchte aus einem Bürgerkrieg zwischen Sklavenhaltern und Sklaven heraus einen Staat zu gründen. [...] Er lebte bescheiden, trank nur Wasser; ein Bananenblatt genügte ihm als Becher. Seine etwas wilde Art war von Adel und Würde; ein feuriger Blick ließ die außergewöhnliche Persönlichkeit erkennen. Er fesselte Herz und Geist durch seine Beredsamkeit.«

Mit ihrem Höhepunkt kam aber auch die Krise der atlantischen Sklavenwirtschaft. Zum Ersten wurde der Einsatz von Sklaven gegenüber der Lohnarbeit bzw. der Schuldknechtschaft unrentabel, denn mit der Wende zum 19. Jh. setzte die große europäische Emigration ein, die bis 1930 zwischen 50 und 65 Mio. Menschen vor allem nach Nord- und Südamerika brachte. Zum Zweiten erforderte die Rohstoffe produzierende und zunehmend exportorientierte Wirtschaft Afrikas selber mehr Arbeitskräfte. Zum Dritten nahm der Widerstand der Sklaven gegen ihre Ausbeutung zu; sie flüchteten in abgelegene Gebiete und überfielen von dort die kolonialen Städte. So brach bereits im 17. Jh. die Zuckerproduktion auf São Tomé zusammen, und während der Französischen Revolution erhoben sich in der Kolonie Santo Domingo die Sklaven unter Führung von Toussaint-Louverture, vertrieben die Franzosen und begründeten 1804 den ersten unabhängigen, modernen Staat in Lateinamerika: Haiti.

Zuletzt, und dieses Argument wird gerne als erstes genannt, kam es im ausgehenden 18. Jh. zu einer religiös-humanitären Anti-Sklaverei-Bewegung, die zum Verbot des Sklavenhandels durch Dänemark 1803 und durch Großbritannien 1807 führte – in den Vereinigten Staaten hatte als erstes Vermont bereits 1777 diesen Schritt gemacht. 1834 verbot das britische Parlament dann auch die Sklavenhaltung – Frankreich tat diesen Schritt erst mit der Februarrevolution 1848.

An der Sache selbst änderte sich dadurch wenig: Etwa 3,5 Mio. Menschen wurden noch im 19. Jh. über den Atlantik verkauft und dazu kam eine halbe Million nach Asien. Beziehen wir den Handel in den arabisch-osmanischen Raum und den kontinentalen Sklavenmarkt mit ein, so wurden im Jahrhundert der Abolition kaum weniger Menschen versklavt als im 18. Jh. Mit dem Verbot der Sklavenhaltung dauerte es in manchen afrikanischen Kolonien bis nach der Wende zum 20. Jh. – und wenn Mauretaniens Staatschef Haidalla 1980 erneut die Abschaffung der Sklaverei verkünden musste, so dürfte auch das koloniale Verbot oft wirkungslos geblieben sein.

Wirkung zeigte allerdings der Einsatz britischer Kriegsschiffe gegen die Sklaventransporter. Wurde ein Schiff aufgebracht, so landete man die befreiten Sklaven an vorgegebenen Stellen an (wie Freetown in Sierra Leone oder Libreville in Gabun), ließ die Schiffe zerlegen und verkaufte das Holz. Damit führten die Briten nicht bloß einen Krieg gegen die Sklaverei, sondern einen Wirtschaftskrieg schlechthin, der die kleineren Mächte aus dem Handel im Atlantik weitgehend vertrieb. Die Befreiten bzw. die freiwilligen Rückkehrer (»Brasilianer«) wurden Pioniere der Verwestlichung und Modernisierung in den afrikanischen Gesellschaften.

Mit der formalen Abschaffung der Sklaverei Mitte des 19. Jh. war die Antisklavereibewegung längst nicht überflüssig geworden. Neben den Briten und Amerikanern setzten sich in vielen europäischen Staaten - u.a. in Belgien, der Schweiz und kurzlebig auch in Deutschland - Organisationen für das Los versklavter Menschen ein. Diese »neue Antisklavereibewegung« ging wesentlich vom französischen Kardinal Lavigerie aus, dem Gründer des Ordens der Weißen Väter.

Mitte des 19. Jh. war der atlantische Sklavenhandel weitgehend zu Ende, aber Sklavenhaltung und unfreie Arbeit in Afrika gingen weiter. Der Handel der europäischen Staaten mit Afrika weitete sich aus, blieb jedoch im internationalen Vergleich immer noch bescheiden. Die europäische Nachfrage nach Pflanzenölen vervielfachte die Produktion und den Export von Palmöl; es kam auch zu einer massiven Förderung des Erdnussanbaus. Der »legitime Handel« mit Palmöl, mit Elfenbein, Kautschuk oder Kaffee, brachte den afrikanischen Handelspartnern höhere Gewinne als zuvor der Sklavenhandel.

Warenproduktion, Rohstoffe und neue Technologien

Die Einbindung in das neuzeitliche Weltsystem führte zu tief greifenden Veränderungen in den afrikanischen Ökonomien. Die wirtschaftliche Kolonisierung erfasste ebenso wirksam die Export- wie die Importseite. Europäische Schiffe importierten nach 1850 große Mengen von Kaurischnecken, wodurch es zum Verfall der bis dahin wichtigsten Form von Geld kam. Anstelle dieses und anderer einheimischer Geldmittel traten in Europa geprägte Münzen; die afrikanischen Staaten verloren damit die Kontrolle des Finanzwesens.

Die vermehrte Einfuhr europäischer und indischer Stoffe verdrängte die qualitativ hochwertige afrikanische Produktion, importierte Werkzeuge hatten den Niedergang der Schmiedeproduktion zur Folge: Die wirtschaftliche Schwächung der afrikanischen Gesellschaften bereitete die politische Machtübernahme durch europäische Staaten vor.

Anfang des 16. Jh. machte Gold aus Afrika rund ein Viertel der Einkünfte der portugiesischen Krone aus. Mit dem 19. Jh. verloren die relativ bescheidenen Vorkommen in Westafrika ihre Bedeutung und Südafrika

Der Maria-Theresien-Taler wurde als Zahlungsmittel für den Levantehandel geprägt. Die Silbermünze verbreitete sich im arabischen Raum und anschließend in Nordostafrika, wo sie bis ins 20. Jh. eines der begehrtesten Zahlungsmittel blieb. Menelik II. ersetzte in Äthiopien Ende des 19. Jh. den »Levantiner« durch eine gleich große Münze mit seinem Bild, und erst 1945 ersetzte der *birr* die Münze endgültig im Zahlungsverkehr.

wurde zum wichtigsten Produzenten von Gold (und Diamanten). Gegen Ende des Jahrhunderts begann auch der Abbau anderer Bodenschätze: Kupfer, im Südosten des Kongo bereits im 4. Jh. geschmolzen und verarbeitet, Zinn, Eisen, Kohle, Phosphate. Der Abbau setzte massiv erst mit der Kolonisierung ein, während agrarische Exportprodukte bereits in der ersten Hälfte des 19. Jh. an Bedeutung gewannen. In Westafrika, vor allem im heutigen Senegal, war dies die Erdnuss. In Nigeria und später im Kongo die Ölpalme. Kakao wurde in der Elfenbeinküste und dem heutigen Ghana zum dominierenden Exportprodukt.

1829 legte der Sultan von Zanzibar die erste Plantage des Gewürznelkenbaums an und bis ins ausgehende 20. Jh. waren Pemba und Zanzibar bedeutende Exporteure von Gewürznelken (vor allem nach Südasien). In Ägypten forcierten die Briten den Baumwollanbau, um ihre Abhängigkeit von den Pflanzern der US-amerikanischen Südstaaten zu verringern. Südafrika exportierte Wein, Getreide und Wolle.

Nicht nur *cash crops*, sondern auch neue Nahrungsmittel veränderten Produktion und Konsumgewohnheiten. Mais und Maniok aus Südamerika ergänzten in den Waldgebieten die einheimischen Kulturpflanzen; dazu verbreitete sich der Anbau von Reis. Da diese Nahrungsmittel mehr Kalorien pro Flächeneinheit erbrachten als Yams, konnten die Feuchtregionen eine dichtere Bevölkerung ernähren. Einen ähnlichen Effekt hatte die Einführung der Banane im östlichen Zentralafrika.

Gewichtige Veränderungen gab es nicht zuletzt auch bei der Infrastruktur und dem Einsatz von Arbeitskraft. Neben Tragtieren (Esel, Ochsen, Kamele) und – wo deren Einsatz aufgrund der Tsetsefliege nicht möglich war – Menschen, hatten seit langem Einbäume oder Boote aus Schilf und Rinde auf Flüssen und Seen den Transport von Waren geleistet. Im 19. Jh. veränderten sich zuerst die Dimensionen in der Schifffahrt: 1850 fuhr das erste Dampfschiff von Shanghai nach London und 1869

> Über die **Kakaoproduktion in Ghana** gibt es unterschiedliche Ursprungstheorien; eine davon lautet, dass der Ghanaer Tetteh Quashie 1879 eine Handvoll Samen von Fernando Póo mitgebracht und erfolgreich ausgesetzt hatte. Sein Beispiel fand Nachahmer. War die junge Kolonie Goldküste in den 1890er Jahren unter den fünf wichtigsten Lieferanten von Kautschuk, so machte die internationale Nachfrage nach Kakao das Land 1911 zum weltgrößten Exporteur von Kakao. Die Produktion lag in den Händen kleiner und mittlerer ghanaischer Pflanzer, die mit Familienarbeit oder über das *abusa*-System – Grundeigentümer stellten Migranten Boden zur Verfügung und erhielten dafür zwei Drittel der Ernte – immer größere Mengen auf den Markt brachten. Koloniale Handelsgesellschaften sicherten sich die profitable Vermarktung und Englands größter Schokoladenproduzent Cadbury baute seine eigene Ankaufsorganisation auf.

Bis in die späten 1920er Jahre, als das koloniale Straßennetz, Eisenbahnen und Flussschiffe einen beschleunigten Abtransport von Waren aus dem Landesinneren an die Küste erlaubte, waren in weiten Teilen Afrikas Träger das einzige Transportmittel. Waren und Ausrüstungsgegenstände reisten auf dem Kopf oder dem Rücken der oft unter Zwang verpflichteten Träger von und zur Küste. Brauchten Trägerkarawanen für 1 000 km bis zu drei Monaten, so schaffte es die Eisenbahn für einen Bruchteil der Kosten in drei Tagen. In abgelegenen Gebieten blieb freilich die Notwendigkeit, Träger zu beschäftigen, noch lange aufrecht.

brachte die Eröffnung des Suezkanals eine wesentlich kürzere Verbindung Europas zum Indischen Ozean. Auf dem Kontinent hatte die Ausweitung der Exporte nicht nur einen erhöhten Bedarf an Arbeitskräften in der Produktion, sondern auch im Transport zur Folge; die zwangsweise Verpflichtung von Menschen für Trägerdienste und für den Ausbau von Straßen und Eisenbahnen war eine hohe Belastung für die Bevölkerung und forderte zahlreiche Opfer.

Missionare, Spekulanten und »Entdeckungsreisende«: Pioniere des Imperialismus

Seit dem ausgehenden 18. Jh. entdeckten neben den Händlern und Chronisten andere Akteure ihr Interesse für Afrika. Sie waren bestrebt auf jeweils eigene Weise die weißen Flecken auf den Landkarten zu füllen – das Phänomen der weißen Flecken war neu, denn in den Jahrhunderten zuvor hatten die Kartenzeichner ihre Pläne durchaus, wenn auch vielleicht mit Fantasie, vollständig gezeichnet.

Vertreter christlicher Glaubensgemeinschaften waren an der Anti-Sklaverei-Bewegung beteiligt. In deren westafrikanischen Zielgebieten (Lagos, Liberia, Sierra Leone) und in der Siedlerkolonie Südafrika bauten protestantische Kirchen und Missionen auch ihre ersten Niederlassungen. Wie die protestantischen Missionen ihre Expansion mit dem niederländisch-britisch-amerikanischen Ausgreifen auf Afrika verbanden, begleiteten die katholischen Missionare die Portugiesen, Franzosen, Belgier und Italiener. Mitte des 19. Jh. entstanden zudem eine Reihe von Orden zur Bekehrung Afrikas (z.B. die Weißen Väter in Frankreich), die ihre Aufgabe nicht nur in der Verbreitung des Glaubens, sondern auch in der Sicherung von Einflussgebieten gegenüber Briten und Protestanten sahen.

Während die protestantische Bewegung zumindest lokal eine Afrikanisierung der Kirchenführung unternahm, blieben die Katholiken bis weit in die hochkoloniale Zeit bei einem Modell, in dem weißen Priestern und Schwestern das Lehren und Befehlen, afrikanischen Christen das Hören und Gehorchen zukam. Schule und wissenschaftliche Forschung wurden neben der Glaubensverbreitung und der »Erziehung zur Arbeit« wichtige Aufgaben der Mission. Dabei deckten sich deren Interessen oft, aber nicht immer mit denen des Kolonialismus.

Handelten die Missionare im Auftrag Gottes und ihrer Kirchen, so standen die »Entdeckungsreisenden« mehr oder minder direkt im Dienste ihrer (oder einer) Nation, selbst wenn sie das, was sie taten, der Wissenschaft zuschrieben. Nicht wenige dieser Reisenden waren nicht nur »Entdecker«, sondern, wie etwa David Livingstone, auch Missionare und Agenten der Wirtschaft.

Die Suche nach den Quellen des Nils diente auch oder vor allem der Sicherung des Wassers, das die Fruchtbarkeit Ägyptens und die Ergiebigkeit seiner Baumwollproduktion garantierte. Im Auftrag einer »Internationalen Forschungsvereinigung«, aus der 1879 die *Association Internationale du Congo* wurde, brach der amerikanische Journalist Henry Stanley – »Doctor Livingstone, I presume?« – in den Kongo auf und brachte seinen Auftraggebern einen Stapel von »Verträgen« mit einheimischen Fürsten zurück. Diese Papiere waren die Grundlage dafür, dass der belgische König Leopold II. auf der Berliner (Kongo–) Konferenz 1884/85 die Kontrolle über ein Gebiet 80–mal so groß wie das »eigene« Land zugesprochen bekam.

Gewiss motivierte Missionare wie Reisende ihr tiefes Interesse an Erkenntnissen über den Kontinent und seine Menschen. Ihr

Der Schotte Mungo Park (1771–1806) war Arzt und reiste im Auftrag der britischen *African Association* von Gambia an den Oberlauf des Niger. Sein Buch *Travels in the Interior of Africa* (1799) wurde ein Bestseller. Auf seiner zweiten Reise folgte er dem Niger bis Timbuktu und versuchte, mit einem Schiff flussabwärts die Mündung des Niger zu erreichen, kam jedoch in Nordnigeria ums Leben.

In seinem Roman *Der einzige Ort* schreibt Thomas Stangl über den Franzosen **René Caillié**, der 1827 als **Moslem verkleidet nach Timbuktu** reiste: »Es ist ein Mann, der von niemandem beauftragt und von niemandem unterstützt wird, als Kind hatte er eine Manie für Landkarten entwickelt, von der die wenigen Jahre seines Lebens bestimmt sind, die zu erzählen lohnen und in denen er, schnell alternd und sich dem Ehrengrab nähernd, in faden Provinzstädten seiner Heimat gestrandet, später selbst nur für kurze Zeit gelebt zu haben glaubt. Eine seltsame, einsame Anstrengung in einem Zeitalter, in dem die europäischen Mächte um die Aufteilung der Erde kämpfen und in Geographischen Gesellschaften, den Reisen, die in ihrem Namen unternommen werden, den Aufträgen, die sie vergeben, [....] wissenschaftliche, militärische und ökonomische Interessen eng miteinander verflochten sind, einander decken und einander dienen; so dass keiner der Beteiligten jemals wissen wird, Agent welches Vernichtungswerkes er letztlich ist ...«

Blick auf Afrika war freilich verfälscht und gefiltert durch den Glauben an die eigene Überlegenheit

Immer häufiger mengten sich im Verlauf des 19. Jh. unter die Missionare und Entdecker auch jene Profiteure und Spekulanten, die in der frühkolonialen Zeit mit List, Betrug und Gewalt aus den Menschen und aus dem Land herausholten, was immer sich in Europa und Übersee verkaufen ließ; zugleich lockten nicht wenige der neu gegründeten Gesellschaften und Firmen den Investoren, den Aktienkäufern an den Börsen sowie dem imperialistischen Staat mit leeren Versprechungen das Geld aus der Tasche.

Das afrikanische 19. Jahrhundert: Fragmentierung und Modernisierung

Der Sklavenhandel und die Orientierung zum Atlantik, das Eindringen außerafrikanischer Akteure in Politik und Gesellschaft sowie die Islamisierung einerseits, die Verwestlichung andererseits hatten den Zerfall alter Reiche und die Entstehung neuer Staaten zur Folge. Mit neuen Eliten kamen andere Werte, mit modernen Technologien und neuen Produkten veränderten sich die Machtverhältnisse und neue Zentren entstanden dort, wo sich afrikanische und außerafrikanische Interessen trafen.

Westafrika: politischer Islam, Militärstaaten und eine bürgerliche Elite

Westafrika war im 19. Jh. durch drei sehr unterschiedliche historische Entwicklungen geprägt. Eine war die Expansion der Fulbe und die Bildung bzw. Islamisierung von Staaten im Inneren, eine zweite die Errichtung eines großen, kurzlebigen Militärstaats durch Samori Touré, und schließlich, als dritte Veränderung, kam es im Küstengebiet und in dessen Hinterland zur Modernisierung der Handelsstaaten und zur Entstehung eines afrikanischen Bürgertums westlicher Prägung.

Ausgehend vom Inneren des heutigen Senegal und Guinea, getrieben von einer islamischen Erneuerungsbewegung sowie der Suche nach neuen Weidegebieten, errichteten die Fulbe unter Usman dan Fodio (1754–1817) das Kalifat von Sokoto, das den Norden Nigerias und Kameruns sowie große Teile des heutigen Staates Niger umfasste. Der Islam verband die Einwohner als Religion, Rechtssystem und »Verfassung«. Ein effizientes Steuer- und Verwaltungssystem verschafften dem Staat hohe Stabilität. Warenproduktion, Handwerk und Handel profitierten von der *pax fulani*; europäische Reisende wie Heinrich Barth berichteten nicht nur vom hohen Standard der lokalen Produktion, sondern auch von einem umfangreichen Handel mit Nordafrika. 1903 musste sich das Reich dem britischen Gouverneur Lugard beugen – das Sultanat besteht bis heute.

Westlich von Sokoto gründete nach Überwindung kleinerer Dyulareiche Samori Touré (1830–1900) einen islamisierten Militärstaat, der seinen Höhepunkt in den 80er Jahren des 19. Jahrhunderts hatte und einen Umfang von etwa 200 000 km² erreichte. Es kam zu immer heftigeren Auseinandersetzungen mit französischen Militärkolonnen, die von Senegal Richtung Tschadsee vorstießen. 1882 fügte ihnen Samori eine Niederlage zu, musste dennoch 1886 einen Friedensvertrag schließen und sich

Muhammadu Saadu Abubakar, ist der 20. Sultan von Sokoto und seit 2006 im Amt. Bevor er als Nachfolger seines verunglückten Bruders den Thron bestieg, machte er Karriere in der Armee, war Kommandant in der Präsidentengarde Ibrahim Babangidas und führte ein Bataillon von Friedenstruppen der Organisation der Afrikanischen Einheit im Tschad. Obgleich die traditionellen Herrscher im modernen Staat keine offizielle politische Position einnehmen, trug das Oberhaupt von über 50 Mio. Muslime in Westafrika wesentlich zur Beruhigung und Stabilisierung der politischen Lage im Norden Nigerias bei.

Louis L. C. Faidherbe (1818–1889) machte als Offizier Karriere im Kolonialdienst in Algerien, Gouadeloupe und Senegal. Als Gouverneur von Senegal in den Jahren 1854 bis 1861 war er an der militärischen Unterwerfung der Wolofstaaten beteiligt und gründete 1855 eine Höhere Schule für Söhne des einheimischen Adels. Nach dem Militärdienst in Algerien und Frankreich 1871 wurde er pensioniert und verfasste eine Reihe ethnologischer und philologischer Schriften.

weiter Richtung Osten zurückziehen. 1898 kam es zur letzten großen Auseinandersetzung: Die Söldnertruppe des Samori löste sich auf, der Herrscher wurde gefangen genommen und starb 1900 im Exil in Gabun.

Ähnlich wie dem Zuluherrscher Shaka gelang es hier einer überragenden Persönlichkeit (von bescheidener Herkunft) mit dem Einsatz beträchtlicher Gewalt gegen die »eroberte« Bevölkerung einen straff organisierten Staat aufzubauen, der dem europäischen Imperialismus heftigen Widerstand entgegensetzte. Die von den Eroberungszügen des Samori wie der Franzosen betroffenen Völker kamen allerdings schwer zu Schaden: Menschen starben in großer Zahl oder flüchteten, ihre Ernten wurden zerstört und der einst florierende Handel brach zusammen.

Der atlantische Handel, die europäische Expansion und die Anti-Sklaverei-Bewegung hatten die Staaten und Gesellschaften an der Küste und im Hinterland schon vor Beginn des 19. Jh. in das moderne Weltsystem einbezogen. Es war ihnen dennoch möglich, bis zur kolonialen Landnahme eine unterschiedlich selbstbestimmte Entwicklung zu nehmen.

Im Senegal hielten die Bewohner von vier Städten (les quatre communes) ihr während der Französischen Revolution gewährtes Recht als französische Bürger. An der Goldküste schlossen sich 1868 mehrere Staaten der Fante zu einer Föderation zusammen. Die sogenannte Konföderation der Fante (1868–1873) entwickelte ihr eigenes politisches Modell und eine Verfassung, bei der die bürgerliche »neue Elite« und die traditionellen Führer in gleicher Weise vertreten waren. Ihre Realisierung scheiterte an der Unvereinbarkeit von Führungsansprüchen, an den fehlenden finanziellen Mitteln und vor allem an der Einmischung der Briten. Wie an der Goldküste hielten auch in Dahomey und in Lagos Nachfahren der aus Amerika zurückgekehrten Sklaven wirtschaftliche und politische Schlüsselpositionen inne. Das moderne Bürgertum sah für die afrikanischen Gesellschaften einen durchaus eigenen Weg in die Moderne, doch ab Mitte des 19. Jahrhunderts mischten sich Briten wie Franzosen immer stärker in die inneren Verhältnisse der Küstenstädte ein. 1861 übernahmen die Briten die direkte Kontrolle über den Handelsplatz Lagos und im Senegal begann unter Gouverneur Faidherbe (1854–1865) die Unterwerfung der islamischen Staaten nördlich und südlich des Senegalflusses.

Ostafrika und der Indische Ozean: Kreolisierung und gesellschaftliche Differenz

Im Inneren Ostafrikas bildeten sich im Verlauf des 19. Jh. neue politische und gesellschaftliche Strukturen. Maasai kamen aus dem Norden, verschiedene Bantuvölker (wie die Ngoni) wanderten aus dem Süden ein, andere zogen aus dem Westen zu. Die Nyamwezi etablierten sich als Zwischenhändler und brachten Kupfer, Elfenbein und Sklaven an die Küste. Handelsrouten, von Kilwa, Zanzibar oder Mombasa ausgehend, erschlossen das Hinterland.

1840 verlegte die omanische Herrscherfamilie der Bu Said den Sitz ihres Reiches von Maskat nach Zanzibar.

Die Omanis, unterstützt von indischen Kaufleuten, nahmen das Land in Besitz und investierten in die Produktion von Gewürznelken. Indisches Kapital finanzierte große Karawanen zum Erwerb von Sklaven

Die Seeseite der Stadt Zanzibar wird beherrscht vom Sultanspalast. Das »Haus der Wunder« (Beit al-Ajaib) wurden in den 1880er Jahren errichtet. Nachdem Großbritannien 1890 das Protektorat übernommen hatte, besetzten es die Briten für die koloniale Verwaltung. Heute beherbergt es neben dem Museum der Geschichte und Kultur Zanzibars und der Swahiliküste auch eine Schule.

Nach ersten mühseligen Anfängen schuf sich ein kleiner Teil der europäischen Zuwanderer auf den Inseln des Indischen Ozeans eine privilegierte Existenz. Der Handel und der Betrieb von Zuckerrohrplantagen machten sie reich, und die Umwelt einer tropischen Sklavenhaltergesellschaft verweichlichte sie.

und Elfenbein. Während Mombasa an Bedeutung verlor, wurde Zanzibar zum wichtigsten Umschlagplatz für den innerafrikanischen Handel und den Fernhandel in diesem Raum. Amerikanische, britische, französische und deutsche Handelspartner errichteten Niederlassungen und ernannten Konsuln zur Sicherung ihrer Interessen am Hof des Sultans.

Wie die Arbeit der Sklaven die Rentabilität der Gewürznelkenplantagen auf Zanzibar und Pemba garantierte, sicherte sie auch den Profit der Pflanzeraristokratie auf Mauritius und La Réunion, die allerdings nach dem Verbot der Sklavenhaltung in den 1830er Jahren indische Kontraktarbeiter für ihre Zuckerrohrplantagen und Zuckerfabriken anwerben mussten.

Die Inselstaaten Ostafrikas hatten entweder eine arabische Oberschicht (Zanzibar, Komoren) oder eine kreolisierte Pflanzerelite französischen Ursprungs. Die Mehrheit der Bevölkerung war als Sklaven vom Kontinent gekommen oder in verschiedenen Wellen aus Afrika und anderen Teilen der Welt zugewandert. Während die Bewohner der Komoren und Zanzibars Swahili als gemeinsame Sprache haben, entstand auf den Inseln ein Französisch basiertes *Créole*. Die Zuwanderer vom indischen Subkontinent – sie machen auf Mauritius seit Beginn des 20. Jh. etwa zwei Drittel der Bevölkerung aus – behielten ihre Sprachen bei. Die Gesellschaften auf den Inseln einte einerseits der gemeinsame Beitrag zur Entstehung einer neuen (kreolischen) Kultur, prägte andererseits der krasse Gegensatz zwischen armen Massen und sehr reichen Eliten, zwischen denen sich erst allmählich eine Mittelschicht aus Gewerbetreibenden, Kaufleuten und Vertretern freier Berufe bildete.

Madagaskar war wohl in die Entstehung der neuen Gesellschaften und durch den Sklavenhandel in die Wirtschaft des Raumes eingebunden, nahm aber dennoch eine eigene Entwicklung. Im Verlauf des 19. Jh. gelang es den Merina aus dem zentralen Hochland, die Macht auf der Insel zu übernehmen. Es entstand ein Art Feudalstaat, mit einem sakralen König an der Spitze, Adelsständen, zahlreichen Bauernclans – wobei die hellhäutigen Mitbürger sozial höher eingestuft waren als die dunkelhäutigen – und Sklaven als unterster sozialer Gruppe.

Muhammed (Mehmet) Ali, ein erfolgreicher Kriegsherr, wie es in Afrika im 19. Jh. mehrere gab, setzte sich gegen die Türken und die europäischen Mächte durch. Obgleich er erst im vorgerückten Alter Lesen und Schreiben lernte, war er ein erfolgreicher Staatsmann; Ägypten wurde unter seiner Regierung (1805–1848) politisch, wirtschaftlich und gesellschaftlich ein modernes Land.

Nordafrika: Modernisierung und Widerstand

Mit dem Abzug der französischen Truppen im Sommer 1801 endete Napoleons Versuch, Ägypten zu erobern. Zurück blieb ein Land, in dem Recht und Ordnung zusammengebrochen waren. Muhammed (Mehmet) Ali, Kommandeur einer albanischen Truppe im Dienste der Hohen Pforte, setzte sich 1805 gegen seine Konkurrenten durch. Bis zu seinem Tod 1848 gelang es ihm, aus Ägypten einen bedeutenden Akteur in den Auseinandersetzungen um Macht und territoriale Kontrolle im östlichen Mittelmeer, im Nahen Osten und im Indischen Ozean zu machen. Der

Söldnerführer aus der mazedonischen Küstenstadt Kavalle (Kavála) eroberte ein großes Reich. Istanbul und die europäischen Großmächte akzeptierten schließlich gegen den ägyptischen Rückzug aus dem arabischen Raum die erbliche Herrschaft der Nachkommen Muhammed Alis und eine De-Facto-Souveränität Ägyptens. Seine Expansion auf dem afrikanischen Kontinent ging ungehindert weiter; im Mittelmeer wollte jedoch keine Metropole, von Istanbul bis Washington, einen neuen Mitspieler gewähren lassen.

Muhammed Ali war als Feldherr erfolgreich; seine besondere Leistung lag allerdings in der wirtschaftlichen Modernisierung und der Reorganisation der staatlichen Verwaltung. Die Industrialisierung Ägyptens war auf eine Versorgung der Armee mit Kleidung und Waffen ausgerichtet, ließ aber auch Zuckerraffinerien, Reismühlen, Textilfabriken und chemische Produktionsanlagen entstehen. Junge Ägypter, als Techniker oder als Ärzte in Europa ausgebildet, wurden zum Kern einer modernen, ägyptischen Mittelschicht.

Die Entwicklung von Wirtschaft und Gesellschaft belastete ebenso wie die Erhaltung einer großen Armee die bäuerliche Bevölkerung wie die Staatsfinanzen. In den letzten Jahren der Regierung Muhammed Alis kamen daher Industrialisierung und Modernisierung zum Stillstand. Seine Nachfolger waren gezwungen, bedächtiger zu handeln. Ägypten wurde in der zweiten Hälfte des 19. Jh. durch Kredite, durch den Bau des Suezkanals und die damit verbundene Kontrolle der Briten und Franzosen sowie durch die immer stärkere Präsenz ausländischer Unternehmer in die Abhängigkeit gedrängt.

Gegen fremde Vereinnahmung setzte sich in der angrenzenden Cyrenaika seit den 1840er Jahren eine islamische Reformbewegung, die Sanusiyya, zur Wehr. Ihr religiöser und politischer Einfluss breitete sich im Osten Lybiens wie im Fezzan aus und erfasste die zentrale Sahara bis in den Raum des Tschadsees. Während ihrer raschen Ausbreitung verlegte die Sanusiyya ihr Zentrum immer weiter in den Süden, bis sie 1895 Kufra erreichte. Die türkische Verwaltung, mit der sie gemeinsame Ziele – Sesshaftmachen der Bevölkerung, Handel und Erziehung – verbanden, bediente sich ihrer als verlängerter Arm für den Steuereinzug, zur Aufrechterhaltung von Ruhe und Ordnung sowie zur Verteidigung ihrer territorialen Ansprüche. Im Süden geriet die Sanusiyya dabei mit den Franzosen in Konflikt, die zugleich mit Tripolis Anspruch auf Tibesti und Borku erhoben – und diesen Anspruch letztendlich durchsetzten.

Das koloniale 19. Jahrhundert: die Aufteilung eines Kontinents

Die Vorbereitung: Brückenköpfe bauen, Zwietracht säen und Wege öffnen

Französische Handelshäuser waren seit dem 16. Jh. in Westafrika präsent. Die ersten dauernden Niederlassungen entstanden an der Senegalküste. Im Indischen Ozean setzten sich französische Abenteurer und Aussteiger zugleich mit anderen Nationen im 17. Jh. fest. Den Pionieren folgten Kolonialgesellschaften wie die *Compagnie des Indes Orientales*.

Als Folge des Kolonialkriegs (der »Siebenjährige Krieg«, 1756–1763) und der Napoleonischen Kriege verlor Frankreich einen Teil seiner Niederlassungen in Übersee. Es blieb nach dem Wiener Kongress wesentlich auf Afrika (und den Indischen Ozean) beschränkt. Unter dem Schutz des Marineministeriums setzten die Handelsfirmen ihre Expansion fort: 1828 die Casamance, 1842 die Elfenbeinküste und 1868 Cotonou. Die französische Marine errichtete 1848 im Rahmen der Anti-Sklaverei-Bewegung einen Stützpunkt an der Mündung des Ogowe (Libreville). In Verbindung mit dem Bau des Suezkanals sicherten sich die Franzosen auch Djibouti, als Gegengewicht zu Aden, das die Briten bereits 1839 besetzt hatten.

Die Vorbereitung kolonialer Landnahme durch die Briten stand in enger Verbindung mit den Anti-Sklaverei-Maßnahmen. Die frühen Stützpunkte wurden als *colony*, spätere Eroberungen als *protectorate* bezeichnet. Während den Eliten einer *colony* die Beteiligung an der lokalen Politik ermöglicht wurde, waren die übrigen Besitzungen durch die Umsetzung der *indirect rule* geprägt. 1816 erklärten die Briten den Küstenstreifen Gambias zur *colony*, 1861 Lagos und 1874 kam es zur Errichtung der *Gold Coast Colony*. In anderen Regionen verlieh die britische Krone privaten Gesellschaften *royal charters*, d. h. willkürlich formulierte Rechte, im »afrikanischen Niemandsland« Handelsimperien zu begründen. Im südlichen Afrika übernahm die *British South African Company* die Initiative, in Ostafrika die *Imperial East Africa Company*.

Kredite europäischer Banken spielten bei der Vorbereitung der Kolonisierung vor allem in Nordafrika eine wichtige Rolle. In anderen Regionen verpflichteten sich die Handelsgesellschaften als Partner durch Vorschüsse; mit der finanziellen Verpflichtung von Agenten und Regierungen schufen europäische Banken und Regierungen ein besonders starkes Argument für die Übernahme der direkten Kontrolle.

Die Durchführung: die vertragliche und militärische Landnahme

Zwei Instrumente hatten die europäischen Staaten um ihre koloniale Absicht zu realisieren: Verträge über Landabtretung und militärische Gewalt. Im heutigen Gabun sicherte sich 1846 Frankreich »alles Land, das

Die Information der Bevölkerung in den Metropolen über verschiedene koloniale Unternehmungen strich oft den Aspekt der »Befriedung« und neuen Sicherheiten in den eroberten Gebieten heraus. In dieser Darstellung von Algier symbolisieren zwei französische Soldaten in einer sonst menschenleeren Straße, dass Frankreich Stadt und Land fest in seiner Hand hatte (Stich aus Claude Rozet, *Voyage dans la Régence d'Alger*, Paris 1833).

geeignet schien für die Gründung militärischer und agrarischer Niederlassungen« und versprach »König François« dafür als Entschädigung, »was immer die Regierung Frankreichs als angemessenen jährlichen Beitrag einschätzen würde« – ein Akt der Großzügigkeit, dessen Dimension sich schwer errechnen lässt.

Im Dienste »ihrer« Nation brachten koloniale Agenten zahlreiche Verträge nach Hause, die den Anspruch des Kolonisators auf einen bestimmten Teil des Kontinents, nicht gegenüber den rechtmäßigen Besitzern, sondern gegenüber den anderen Kolonisatoren, bestätigen sollten.

Zwischen 1880 und 1882 »erwarb« so Pierre Savorgnan de Brazza (1852–1905) eine gute Million km² Land im Kongoraum. Im Juli 1884 ließ der Reichsbeauftragte Gustav Nachtigal die Dualafürsten King Akwa und King Bell »Schutzverträge« unterzeichnen und kam damit den Briten wenige Tage zuvor. Die Übernahme der Macht lag ganz im Interesse der deutschen Handelsfirmen, die den lokalen Handelsherrn hohe Vorschüsse eingeräumt hatten, und ohne politische Unterstützung Verluste befürchteten. 1890 schloss (Hauptmann) Frederick Lugard, nachdem im

Helgolandvertrag die Deutschen auf ihre Ansprüche in Uganda verzichtet hatten, als Vertreter der Britischen Ostafrikagesellschaft einen »Schutzvertrag« mit Buganda.

In anderen Fällen setzten die Kolonisatoren eher auf das Militär. Bereits 1830 hatten französische Streitkräfte Algerien überfallen: Es dauerte 10 Jahre, bis die Franzosen zumindest die großen Städte kontrollierten, auf dem offenen Land ging der Krieg bis in die zweite Hälfte des 19. Jh. weiter.

Gouverneur Louis Faidherbe begann in den 1850er Jahren die Eroberung Senegals. Französische Militärs drangen in der Folge immer weiter ins Innere Westafrikas vor, annektierten mit Brutalität und unlauterer Diplomatie die Staaten im Landesinneren und zerstörten zahlreiche Siedlungen. Die französische Marine versuchte mit diesen Einsätzen sowohl ihre Bedeutung innerhalb der französischen Armee zu stärken, wie die britische Konkurrenz in die Schranken zu weisen.

Die Briten führten 30 Jahre lang Krieg mit den Asante, eroberten und plünderten 1897 Benin und setzten auch anderswo rücksichtslos die Armee oder die Marine ein. 1896 ließ Admiral Rawson Zanzibar beschießen; die Beschießung dauerte ca. 38 Minuten, was dem Vorfall den Titel »kürzester Krieg aller Zeiten« eintrug. Dessen ungeachtet kostete er auf Seiten Zanzibars rund 500 Menschen das Leben.

Mit der Berliner Kongo-Konferenz 1884/85 fand der Wettlauf um die Besitzungen in Afrika seinen Höhepunkt. 13 europäische Staaten, die USA und das Osmanische Reich steckten die kolonialen Einflusszonen in Afrika ab. Wo die Kenntnis der Terrains gering war, bestimmte ein Strich mit dem Lineal auf der Landkarte die Grenzen der neuen Staaten in Afrika.

Die Gründung Liberias

Denkmal des ersten Präsidenten der Republik Liberia, Joseph Jenkins Roberts. In Norfolk, Virginia, geboren, kam er mit 20 Jahren nach Afrika und baute mit seinen Brüdern ein Handelsunternehmen auf. 1840 wurde er der erste nicht weiße Gouverneur der amerikanischen Kolonie und mit der Gründung Liberias 1848 dessen erster Präsident. Er regierte acht Jahre, wurde 1871 erneut zum Präsidenten gewählt und blieb es bis zu seinem Tod 1876.

Die ersten Kolonisierungsversuche scheiterten am Widerstand der Bevölkerung; erst 1822 sicherte das Eingreifen der amerikanischen und britischen Marine die Landnahme der *American Colonization Society* (ACS). 1824 erhielt die Kolonie den Namen Liberia. Die ACS versuchte die angesiedelten farbigen »Amerikaner« – unter den etwa 19 000 zwischen 1822 und 1867 Angekommenen befanden sich auch fast 6 000 von Schiffen befreite Sklaven, die Amerika nie gesehen hatten – in die landwirtschaftliche Produktion zu lenken, während sie selbst das Handelsmonopol beanspruchte.

Die Ansiedler begannen Landwirtschaft zu betreiben auf Böden, die die ACS der einheimischen Bevölkerung weggenommen hatte. Nur wenigen der *Americanos* (Ameriko-Liberianer) gelang es, größere Farmen aufzubauen und Produkte für den Export zu erzeugen, die meisten beschränkten sich auf Selbstversorgung. Sie setzten dabei mit Zwang requirierte Einheimische ein bzw. Afrikaner aus abgefangenen Sklavenschiffen, die die ACS zu einer Art »Ausbildung« auf den Farmen der Siedler verpflichtete.

Das große Geld war allerdings eher im Handel zu machen. Die Siedler, die es zu einem Vermögen brachten, waren meist frei geborene Farbige aus den USA,

die mit Schulbildung und oft auch einem kleinen Kapital nach Afrika gekommen waren sowie Kreolen aus Westindien oder Sierra Leone. Aus den Farmern und Handelsherrn entwickelte sich ein Bürgertum, dem sich das städtische Kleinbürgertum nahe fühlte, während die Masse der lokalen Bevölkerung rechtlose Außenseiter waren. Mit der Bildung eines *Commonwealth of Liberia* erlangte die Kolonie 1838 die Selbstverwaltung.

Am 26.7.1847 erklärte Liberia seine Unabhängigkeit. Angehörige der »liberianischen Nation« waren jedoch nur die zugewanderten *Americanos*, während die Einheimischen den Status kolonialer Subjekte, also politisch wie juristisch rechtloser Personen, hatten. Daran änderte sich 100 Jahre lang wenig. ■

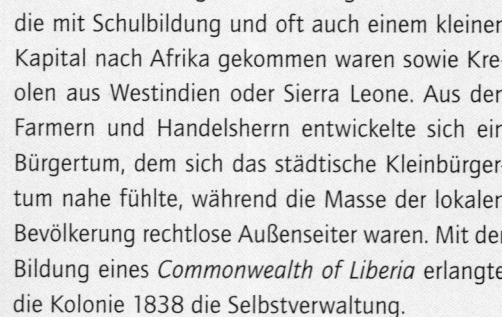

Mit der mehr oder minder gewaltsamen Inbesitznahme war es allerdings nirgendwo getan; fast in allen kolonialen Staaten leistete die Bevölkerung weiterhin Widerstand gegen die koloniale Landnahme.

Die Berliner Kongo-Konferenz: die Verrechtlichung des Unrechts

Konflikte gab es nicht nur zwischen Kolonisatoren und Kolonisierten, sondern auch zwischen den imperialistischen Mächten. Zwischen Frankreich und Großbritannien ging es um den wechselseitigen Einfluss in Marokko und Ägypten, aber auch im Sudan und im Zwischenseegebiet bestand Konkurrenz. Portugal und der belgische König Leopold II. erhoben Ansprüche auf weitere Ländereien und Deutschland drohte mit seiner Landnahme in Ostafrika wie in Kamerun bzw. Südwestafrika, das von Cecil Rhodes formulierte Ziel eines britischen Afrika von Alexandria bis zum Kap der Guten Hoffnung zunichte zu machen.

Der deutsche Reichskanzler Bismarck nahm die Forderungen Portugals und des belgischen Königs zum Anlass, um im November 1884 eine internationale Konferenz in Berlin einzuberufen, an der neben den Europäern auch die USA und das Osmanische Reich teilnahmen.

Auf dieser Berliner Kongo-Konferenz wurden Portugals Ansprüche massiv beschnitten, König Leopold II. ein riesiger *Freistaat Kongo* als Privatbesitz zuerkannt, die Schifffahrtsrechte auf Kongo und Niger geregelt, sowie die Ansprüche der jungen Kolonialmächte soweit abgeklärt, dass es bei der (nahezu vollständigen) Vereinnahmung Afrikas, von kleinen Zusammenstößen abgesehen, keine großen Probleme mehr gab. Die Kolonisierung Afrikas war zwar 1884/85 auf dem Terrain noch nicht abgeschlossen – auf dem diplomatischen Parkett war sie es, und es brauchte fortan bei Unklarheiten nur noch eines europäischen Monarchen, der die Feder nahm und »salomonisch« quer über die Landkarte neue Grenzen zog.

> **»Was ist das eigentlich, Kolonisation?**
> Sich darüber klar zu werden, was sie auf gar keinen Fall ist: weder Christianisierung noch philanthropisches Unternehmen, noch der Wille, die Herrschaft von Unwissenheit, Krankheit und Tyrannei einzuschränken, noch die Verkündigung von Gottes Wort, noch die Verbreitung des Rechts. Und ein für allemal und ohne Scheu zuzugeben, dass die eigentlichen Leitbilder hier die des Abenteurers und des Piraten sind, des Kolonialwarenhändlers im Großformat und des Kaperkapitäns, des Goldsuchers und des Händlers, der Begehrlichkeit und der Gewalt, und dahinter: der unheilverkündende Schlagschatten einer Zivilisationsform, die sich zu einem bestimmten Zeitpunkt ihrer Geschichte von innen heraus gezwungen sieht, die Konkurrenz ihres antagonistischen Wirtschaftssystems im Weltmaßstab auszudehnen.« (Aimé Césaire, *Über den Kolonialismus*)

Afrikas erste Kolonisierung (1884–1960): die direkte Fremdherrschaft

Die Wende zum afrikanischen 20. Jahrhundert, dem »Jahrhundert der fremden Kontrolle«, begann 1884/85 mit dem Berliner Kongress und war mit dem »Panthersprung von Agadir« 1911 vollzogen. Durch den Einsatz der deutschen Kreuzer Panther und Berlin vor der Küste Marokkos versuchte eine europäische Macht zum letzten Mal, die Aufteilung des Kontinents gegenüber anderen Kolonialmächten durch militärische Gewalt zu verändern.

Oben: Gamal Abdel Nasser, der mit dem Putsch der Freien Offiziere 1952 die Macht in Ägypten übernahm, war international einer der prominentesten Unterstützer der Entkolonisierung nach dem Zweiten Weltkrieg.

Koloniale Landverteilung

In diesen Jahren verzichtete Deutschland auf seinen Einfluss in Zanzibar – die Briten traten dafür Helgoland ab –, es kam zur Fashoda-Krise von 1898, als britische Truppen im Sudan die Franzosen zur Umkehr zwangen, zum zweiten Burenkrieg von 1899–1902, und zur *Entente Cordiale*. Dieser Vertrag von 1904 gab den Briten freie Hand in Ägypten und den Franzosen ungehinderten Zugriff auf Marokko. Auf der Grundlage der Beschlüsse von Berlin sowie lokaler Grenzabkommen und Gebietsabtretungen gestalteten die imperialen Mächte Afrikas Landkarte neu. Die europäischen Herrscher zogen Grenzen, oft mit dem Lineal, die quer durch die politische, kulturelle und wirtschaftliche Landschaft des Kontinents schnitten.

Portugal musste in dieser Zeit auf einen großen Teil seiner territorialen Ansprüche verzichten, die noch immer auf den Teilungsvertrag von Tordesillas (1494) gründeten. Die Gewinner des *Scramble for Africa* waren der belgische König Leopold II., der sich mit dem Freistaat Kongo mehr als 2,3 Mio. km² Zentralafrikas sicherte, ebenso Deutschland, Ita-

Links: Ein deutscher Missionar diskutiert mit Dorfleuten in Deutsch-Ostafrika die Errichtung einer Missionsstation. Die christlichen Missionare gehörten mit den Kaufleuten zu den Pionieren der Kolonisierung. Sie hatten wohl andere Motive und Ziele als die Offiziere der Kolonialarmeen und die Angestellten der Handelsgesellschaften, stimmten mit diesen jedoch überein, wenn es galt die nationalen Interessen des Mutterlandes zu fördern und Europas »zivilisatorischen Auftrag« zu erfüllen.

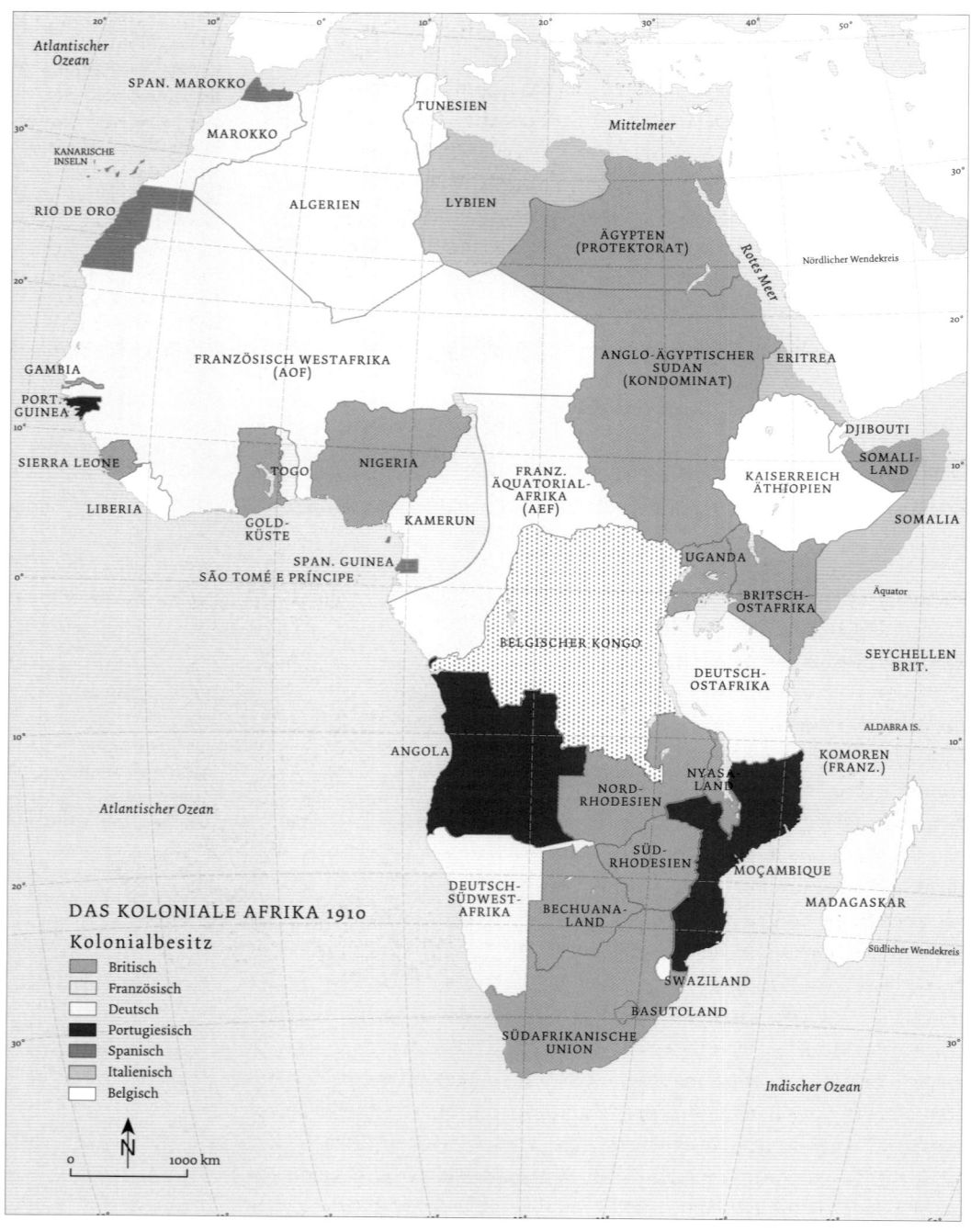

DAS KOLONIALE AFRIKA 1910

Kolonialbesitz

- Britisch
- Französisch
- Deutsch
- Portugiesisch
- Spanisch
- Italienisch
- Belgisch

0   1000 km

N

lien, vor allem aber Frankreich und Großbritannien. Abgezwungene oder erschwindelte Abtretungsverträge mit afrikanischen Herrschern, Landkauf unter fragwürdigen Bedingungen und das Argument, Afrikas Staaten wären völkerrechtlich inexistent und ihre Territorien folglich Niemandsland (*terra nullius*), bildeten die Grundlage für die in internationalen Konferenzen und bilateralen Abkommen – unter Ausschluss der Afrikaner – verhandelten Ansprüche der europäischen Mächte. Militärische Gewalt, technologische Überlegenheit und die Strategie, lokale Akteure gegeneinander auszuspielen, trieben die Kolonisierung vor Ort voran.

Um Afrikas Rohstoffe zu gewinnen und nach Europa zu verschiffen, brauchte die koloniale Wirtschaft viele Arbeitskräfte. Vor allem in der frühen Kolonialzeit war die Anwerbung von Arbeitern schwierig, denn nur wenige vertauschten freiwillig ihr sicheres Leben in den Dörfern gegen Lohnarbeit, in weit entfernten Regionen.

Die Konsolidierung der kolonialen Reiche: 1885–1930

Die Durchsetzung kolonialer Herrschaft

Ein maßgeblicher Teil der europäischen Politiker und Wirtschaftstreibenden sah anfangs wenig Sinn in einer Kolonisierung Afrikas. Dies löste in der frühkolonialen Phase heftige Debatten aus, und die Vertreter der Koloniallobbys mussten um die Mittel kämpfen, die es brauchte, das koloniale Projekt Realität werden zu lassen.

So einfach es war, auf dem Papier Grenzen zu ziehen und durch Verträge zwischen europäischen Regierungen neue Staaten quasi aus dem Nichts zu schaffen, so schwierig gestaltete sich die Aufgabe, die koloniale Herrschaft vor Ort durchzusetzen. Großbritannien, aber auch Deutschland brachen den Widerstand der afrikanischen Reiche und Gesellschaften früh und mit großer Härte. Die Wiedereroberung des Sudan 1898, der zweite Burenkrieg, die Kriege gegen das Asantereich in der Goldküste, die 1901 mit dessen endgültiger Niederlage endeten, forderten viele Opfer. Dem *Maji-Maji-Krieg* in Deutsch-Ostafrika zwischen 1905 und 1907 fielen nach Schätzung tanzanischer

Aufstieg und Fall
der kolonialen Imperien

Die frühkoloniale Periode bis zum Ende des Ersten Weltkriegs formte das Profil der kolonialen Herrschaft und war geprägt durch Kriege, Enteignung, gewaltvolle Ausbeutung und die Schaffung des »kolonialen Untertanen«. Die 1920er Jahren brachten eine Konsolidierung der wirtschaftlichen Unternehmen, begünstigt durch die Nachfrage nach Rohstoffen und die Aufbruchsstimmung nach dem Ersten Weltkrieg. Ende der 1920er Jahre brachen die Primärgüterpreise ein und es begann die Weltwirtschaftskrise. Erst Mitte der 1930er Jahre stieg die Nachfrage nach Rohstoffen erneut und der Ertrag aus den Kolonien verhalf in Verbindung mit der Aufrüstung für einen neuen Weltkrieg den »Mutterländern« zur Überwindung der großen Krise.

Die 1940er Jahre brachten mit der Einbeziehung in den Zweiten Weltkrieg hohe Belastungen für die afrikanische Bevölkerung sowie die Rücknahme sozialer wie politischer Errungenschaften, die sich die entstehende nationale Elite in den kolonialen Besitzungen erkämpft hatte. Mit dem Zweiten Weltkrieg kam auch die endgültige Übernahme der globalen Macht durch die USA, die das Ende des alten Kolonialismus und neue Formen der Kontrolle afrikanischer Ökonomien und Gesellschaften nach sich zog.

Die Kolonisierten sahen in diesem Wandel der globalen Kräfteverhältnisse eine Chance auf Befreiung; für die Kolonialmächte war es ein (unterschiedlich rascher) Abschied von der imperialen Weltgeltung.

Nach 1945, in der spätkolonialen Periode, setzte sich allmählich die Erkenntnis durch, dass eine direkte Herrschaft über die Kolonien ungleich kostspieliger war als die Unabhängigkeit in Verbindung mit einer wirtschaftlichen Kontrolle durch das westliche Kapital. Vor allem Portugal und Spanien jedoch versuchten, ihre afrikanischen Kolonien so lange als möglich zu halten, und in den beiden Siedlerstaaten Rhodesien und Südafrika blieb die Herrschaft einer weißen Minderheit bis 1980 bzw. bis Anfang der 1990er Jahre aufrecht. ■

Das 1912 von den Deutschen in Windhoek errichtete Reiterstandbild symbolisiert koloniales Selbstverständnis als Eroberer.

Historiker 250 000 bis 300 000 Menschen zum Opfer – direkt durch Kampfeinwirkung und indirekt durch Hunger und Seuchen. In Deutsch-Südwestafrika (Namibia) vernichteten die Deutschen 1904 in einem Völkermord nahezu vier Fünftel der rund 80 000 Herero.

Mit dem Einsatz neuer Waffen (weit tragende Artillerie, Maschinengewehre) und rücksichtslosem Vorgehen gegen die Zivilbevölkerung – Niederbrennen von Siedlungen und Nahrungsmittelvorräten, Viehraub, Zwangsrekrutieren von Hilfskräften, Konzentrationslager (wie im Burenkrieg) – wurden die Kolonialkriege für die europäischen Mächte so etwas wie ein Experimentierfeld für die folgenden Weltkriege.

Frankreich, Spanien und vor allem Italien führten auch nach dem Ersten Weltkrieg noch große Kolonialkriege. Im Kampf gegen die Kabylen Nordmarokkos (1921–1926) setzten Spanier und Franzosen zuletzt rund 435 000 Mann (und deutsches Giftgas) ein.

Italien begann nach dem Überfall auf Lybien 1911 einen zwanzig Jahre dauernden brutalen Krieg in seiner nordafrikanischen Kolonie, der als Folge physischer Auslöschung oder Flucht die Bevölkerung mancher Landesteile auf weniger als die Hälfte reduzierte. Und schließlich rückte Italien im Sommer 1935 mit 300 000 Mann in Äthiopien ein, konnte das Land jedoch trotz militärischer Übermacht nicht unter seine Kontrolle bringen. Nicht minder verlustreich für die afrikanische Bevölkerung, aber auch für die Kolonialtruppen, die zunehmend in Afrika selbst rekrutiert wurden, waren die unzähligen »kleinen« Kriege, die der Sprache der Kolonisatoren gemäß einer Befriedung dienten.

> Der **Abgeordnete Dr. Ludwig Windthorst** von der Zentrumspartei sagte in der Sitzung des Reichstags am 26. Juni 1884: »Meine Herrn, wenn wir die Kolonialpolitik im grossen auffassen, zu solcher drängen im voraus, ohne daß sie genau definirt ist, unsere Zustimmung zu derselben geben, so haben wir etwas getan, was die weitesttragenden Folgen haben wird für Deutschlands ganze Stellung. [...] Wir werden unsere Geldaufwendungen für die Marine außerordentlich vermehren müssen; wir werden für die Kolonien, die man ohne weiteres schaffen zu können träumt, Geldmittel aufwenden müssen, welche zu erschwingen bei der Größe der anderen Ausgaben kaum möglich sein wird [...]Wissen wir denn, wie das neue Beginnen sich weiter entwickeln kann? und ist es nicht an der Zeit, daß wir, ehe wir solchen Schritt thun, gründlich prüfen, wie weit wir uns auf ein solches Unternehmen einlassen können? Ich meine, daß jeder Hausvater dann am patriotischsten handelt, wenn er seinen Geldbeutel gehörig in Ordnung hält.«

Wie die anderen Kolonialmächte setzten auch Portugal und Belgien – bis 1908 war der Freistaat Kongo im Besitz des belgischen Königs Leopold II. – bewaffnete Kräfte zur Niederschlagung des afrikanischen Widerstands ein. Die koloniale Frühzeit war in deren zentralafrikanischen

Unter Führung von Marschall Pietro Bardoglio marschierten 300 000 italienische Truppen 1935 in Äthiopien ein. Das Bild zeigt Achille Starace beim Einzug in Gondar, der Hauptstadt der abessinischen Provinz Amhara. Die Besatzungsarmee vergrößerte sich unter Bardoglios Nachfolger Graziani bis auf 500 000, ohne dass sich die Italiener gegen den Widerstand der Äthiopier hätten durchsetzen können.

Kolonien (ebenso wie in den französischen Eroberungen Zentralafrikas) zudem durch den Raubhandel und die rücksichtslose Landnahme privater Kolonialgesellschaften geprägt; vor allem die »Kongogräuel«, die der britische Konsul Casement 1904 in einem Bericht in Europa publik machte, beeinflussten die internationale Kolonialdiskussion. Letztlich führte die Erkenntnis, dass diese gewaltsamen Formen der Aneignung mehr Schaden verursachten als sie Nutzen für die Wirtschaft brachten, zu neuen Strategien der Europäer. Mit Unterstützung der (katholischen) Mission und in enger Zusammenarbeit mit privaten Gesellschaften und Unternehmen etablierten Belgien im Kongo und Portugal in Angola und Moçambique eine koloniale Verwaltung, die einerseits auf eine hohe Zahl metropolitaner Kolonialbeamter, andererseits auf die Zuwanderung von Siedlern aus dem »Mutterland« baute.

Die Ablösung militärischer Gewalt durch eine Zivilverwaltung

War der primäre afrikanische Widerstand gebrochen, stand die Einrichtung einer kostengünstigen und die Wirtschaft fördernden zivilen Verwaltung im Vordergrund. Die deutsche Kolonie Togo benötigte ab 1904 keine Zuschüsse des Reiches mehr; die Kolonialregierungen in Kenya und Uganda mussten Kredite aufnehmen (und deren Rückzahlung den

Kolonien abpressen), um eine Bahnlinie quer durchs Land zu bauen und damit den Transport von Gütern der Handelsfirmen und der europäischen Farmer zu verbilligen.

Einerseits galt der freie Markt als das bestimmende Element, andererseits erwarteten die privaten Akteure der kolonialen Wirtschaft die Unterstützung des Staates bei der Aufrechterhaltung der öffentlichen Ruhe, dem Ausbau der Infrastruktur und der Beschaffung von Arbeitskraft.

Großbritannien setzte von allen Kolonialmächten am deutlichsten auf Dezentralisierung und auf das Instrument der indirekten Verwaltung. Ihr Erfinder, Sir Frederick Lugard, zuletzt Generalgouverneur von Nigeria, sah in den traditionellen afrikanischen Eliten die idealen Partner für eine effiziente und kostengünstige Administration. Solange sich deren Vertreter die wirtschaftlichen und politischen Ziele der Kolonialmacht zu eigen machten, zugleich die Bevölkerung unter Kontrolle hatten und

Eines der bekanntesten Bilder des kongolesischen Malers Tshibumba: Ein belgischer Kolonialbeamter beobachtet die Durchführung der Prügelstrafe – besonders erniedrigend für den Sträfling ist, dass die Bestrafung vor den Frauen vollzogen wird, die gekommen sind, um ihm seine Verpflegung zu bringen.

die geforderten Steuern einzogen, ließ ihnen die britische Verwaltung weitgehend freie Hand.

Die anderen Kolonialmächte, vor allem Frankreich, gestalteten ihre Herrschaft direkter. Die Verwaltung der Kolonien ging zentralistisch von Paris aus. Sie lag in den Händen einer von den zuständigen Ministerien gesteuerten Bürokratie, die ihre Beamten in eigenen Schulen ausbildete und in weitgehender Übereinstimmung mit dem privaten kolonialen Kapital ihre Politik formulierte und umsetzte. Wie in den britischen Besitzungen wechselte auch in den anderen Territorien ein Teil der afrikanischen Oberschicht in den kolonialen Dienst, doch waren dort die lokalen Partner in Ausübung subalterner Macht gänzlich von der Kolonialverwaltung abhängig, der sie ihre Ernennung verdankten.

In ihren Verwaltungsbezirken konnten die Kolonialbeamten wie absolute Herrscher agieren, solange sie die Anweisungen der Zentralverwaltung nicht grob missachteten und die Interessen der kolonialen Wirtschaftstreibenden wahr nahmen. Es lag bei ihnen, die Entwicklung der Bevölkerung zu fördern oder sie brutal auszubeuten. Vor allem in der frühkolonialen Phase waren unter den militärischen wie zivilen Kolonisatoren sehr oft gescheiterte und moralisch fragwürdige Existenzen: Als Folge kam es immer wieder zu brutaler Ausbeutung der afrikanischen Bevölkerung, rassistischen und sexistischen Übergriffen, Alkoholexzessen, Korruption u.a. mehr.

Die Konzentration der kolonialen Wirtschaft

Die wirtschaftliche Verwertung der eroberten Territorien war anfangs eine Aufgabe der Kolonialgesellschaften, wie der *British East African Company* oder der deutschen *Süd-Kamerun-Gesellschaft*, kleiner Firmen, die in spekulativer Absicht gegründet und an die Börsen gebracht wurden sowie von Abenteurern unterschiedlicher Herkunft, die in Afrika schnelle Gewinne machen wollten. Die Aufbringung von Gold, Elfenbein, Palmöl und Kautschuk versprach raschen Reichtum. Hohe Profite erbrachte auch der Verkauf von Waren wie Alkohol, Baumwollstoffen und Waffen an afrikanische Verbraucher.

Kleine und große Akteure, Afrikaner, Asiaten wie Europäer, versuchten in einem Wirtschaftsraum Fuß zu fassen, der sich völlig neu gestaltete. Metropolitanes und internationales Kapital verdrängte bald die afrikanischen Unternehmer, absorbierte die kleinen europäischen Firmen und ließ die Spekulanten der Pionierphase scheitern. Nur wenigen kolonialen Abenteurern gelang es, wie zum Beispiel Cecil Rhodes im Südlichen Afrika, ein wirtschaftliches Imperium aufzubauen.

Bereits vor dem Ersten Weltkrieg hatten europäische Siedler in Teilen Nord- und Westafrikas, im südlichen Afrika und in Ostafrika Fuß gefasst und sich mit Unterstützung der Kolonialverwaltung als Farmer und Unternehmer niedergelassen. Landenteignung, der Ausbau der Infrastruktur und die Zwangsrekrutierung von Arbeitskraft waren eine notwendige Voraussetzung für das Entstehen von Siedlerkolonien, aber auch für die Errichtung von Plantagen und den Bergbau.

Anders als die Plantagen und Minen waren die Farmen der Siedler wirtschaftlich oft wenig erfolgreich. Zahlreiche europäische Farmer scheiterten oder mussten von der Verwaltung gestützt werden; politisch hatten sie jedoch – in den Kolonien wie in der Metropole – großen Einfluss und in Südrhodesien übernahmen sie von der britischen Verwaltung die Regierung des Landes.

Wirtschaftliche und gesellschaftliche Regionalisierung

Die frühkoloniale Phase verlief zwar ohne effiziente Planung, doch bildeten sich in diesen Jahren die Grundmuster heraus, die Afrikas Staaten und Regionen bis heute prägen.

Das koloniale Afrika hatte Rohstoffe zu exportieren und seine Wirtschaft wurde auf Monokulturen und einseitige Leistungen der verschiedenen Landesteile für die Gesamtwirtschaft ausgerichtet. Die Unternehmer in den »Mutterländern«, die keine (billiger produzierende) Konkurrenz dulden wollten, verhinderten die Verarbeitung der Rohstoffe und eine lokale Güterproduktion. Nur in Ägypten und Südafrika kam es in der ersten Hälfte des 20. Jh. zu einer namhaften Industrialisierung.

Die Agrarproduktion für den Export nach Übersee setzte in unterschiedlicher Weise auf Plantagen, Pflanzer und Farmer sowie auf den staatlich geförderten bzw. erzwungenen Anbau von agrarischen Rohstoffen (wie etwa Baumwolle oder Erdnüsse) durch afrikanische Bauern.

Der Abbau mineralischer Rohstoffe begann vorerst dort, wo bereits der afrikanische Bergbau mit Gold, Kupfer oder Eisen erfolgreich gewesen war. Die neuen Betreiber der Minen bedienten sich der vorhandenen Erfahrung und Technologie, hatten jedoch Schwierigkeiten die erforderliche Arbeitskraft aufzutreiben. Sie gründeten daher eigene Unternehmen, die, unterstützt von der kolonialen Verwaltung, die Rekrutierung von Arbeitskräften besorgten. Missionen und traditionelle Autoritäten unterstützten den Handel mit Arbeitskräften und profitierten davon.

Die Rekrutierung von Arbeiterinnen und Arbeitern (für Plantagen, Farmen und Minen), Trägern und Soldaten (für die Kolonialkriege wie

Cecil Rhodes und die British South African Company

Weil die Ärzte dem durch Krankheit geschwächten Jugendlichen geraten hatten, England gegen ein wärmeres Land zu tauschen, wanderte Cecil Rhodes 1870 nach Südafrika aus. Als er 1902 mit nur 48 Jahren starb, hatte er sich und der britischen Krone mit Nord- und Südrhodesien zwei koloniale Staaten erobert, das britische Imperium im südlichen Afrika wesentlich mitgestaltet und ein immenses Vermögen zusammengetragen, das er der Universität Oxford vererbte.

Rhodes Geschäftsmethoden waren rau, sein Machtstreben ausgeprägt, und auch was sein Vorgehen bei der Übernahme anderer Wirtschaftsunternehmen betraf, war er wenig zimperlich.

1867 fand der Farmer Jacobs in Hopetown, Kapkolonie, den ersten Diamanten. Innerhalb weniger Jahre gab es zehntausende kleine Schürfer, die ihre claims mit Hilfe afrikanischer Arbeiter ausbeuteten. Cecil Rhodes erwarb immer mehr Schürfkonzessionen und beherrschte schließlich das Gebiet, das einmal die Farm eines gewissen De Beers gewesen war, während sein Konkurrent Barney Barnato die Kimberley Mine kontrollierte. 1888 übernahm Rhodes mit Hilfe der Bank Rothschild die Barnato Diamond Mining Company. Damit wurde die Firma De Beers (und dahinter Cecil Rhodes) zur unbestrittenen Nummer Eins in der Produktion und dem (weltweiten) Handel mit Diamanten.

1886 wurden die Goldlagerstätten am Witwatersrand entdeckt. Cecil Rhodes erwarb über seine Firma Consolidated Gold Fields of South Africa Ltd. wesentliche Anteile im Goldbergbau. Der Abbau erforderte wegen der geringen Goldhaltigkeit des Erzes viel Kapital, das Rhodes aus den Diamantengewinnen und durch ausländische Investitionen aufbrachte. Doch Rhodes war nicht nur Geschäftsmann, sondern auch ein visionärer und zugleich rücksichtsloser, britischer Imperialist.

Um den Burenrepubliken bei der Besetzung neuen Landes zuvorzukommen, schlossen seine Unterhändler Ende der 1880er Jahre Landabtretungsverträge mit Lobengula, dem Herrscher der Matabele. Die britische Krone bestätigte Rhodes und seiner British South African Company (BSAC) die daraus entstandenen »Rechte«, obgleich Lobengula gegen die untergeschobenen Verträge heftig protestierte.

1890 wurde Cecil Rhodes Premierminister der Kapprovinz. Im gleichen Jahr zog die erste Kolonne von Kolonisatoren nach Norden, nach Mashonaland, das wie selbstverständlich als Teil von Lobengulas Herrschaftsbereich und damit als »vertragsgemäß erworben«, angesehen wurde. An ihrem Ziel errichteten die Koloni-satoren Fort Salisbury (benannt nach dem britischen Premier), aus dem die Haupt-stadt Rhodesiens wurde.

Die erwarteten Goldfunde stellten sich allerdings nicht ein und die Aktien der BSAC fielen unter ihren Ausgabewert. Rhodes schickte daraufhin über tausend schwer bewaffnete Siedler (einer der ersten Einsätze von Maschinengewehren in einem Kolonialkrieg) gegen Lobengula. 1893 nahmen die Siedler dessen Haupt-stadt Bulawayo ein und plünderten sie. Zwei Jahre später war die Ein-Pfund-Aktie der *Company* beinahe neun Pfund wert.

Die Kolonisten und die BSAC waren mit der Niederlage Lobengulas die Herren im Land. Einen Aufstand der Shona und Matabele gegen die Besetzung des Landes und die Enteignungen schlugen sie brutal nieder.

Da sich der Bergbau als nicht so ergiebig wie erwartet erwies, begann die BSAC 1907 den Ausbau von Farmen zu för-dern. Als 1930 ein Landgesetz den Euro-päern ca. 50 % des Bodens reservierte, betrug ihre Zahl 48 000 bei einer Ge-samtbevölkerung von knapp 1,1 Millio-nen. Die enteigneten afrikanischen Fa-milien schob die Siedlerregierung in we-nig fruchtbare Gebiete (Reservate) ab.

Nördlich des Zambezi nahm die BSAC als zweite Kolonie das Gebiet des heu-tigen Zambia in ihren Besitz und kon-trollierte Nordrhodesien, wie das Gebiet ab 1897 hieß, bis 1924. Dann wurde das Land von der britischen Krone übernom-men und die BSAC mit 3,75 Mio. £ ab-gefertigt; die Schürfrechte behielt sie und löste schließlich mit der Unabhängigkeit Zambias 1963 weitere 4 Mio. £ für ihre Eroberungen ein. ■

für die Schlachtfelder der beiden Weltkriege) verbrachte Menschen über große Distanzen. Sie kamen aus jenen Gebieten, die für die koloniale Wirtschaft weder aufgrund des Bergbaus noch wegen agrarischer Exportproduktion von Interesse waren. Die Unternehmer holten von dort ihre Arbeitskräfte und schickten sie auch wieder dorthin zurück, wenn sie nicht mehr gebraucht wurden oder ihre Leistung wegen Krankheit und Alter nachließ. Mit billigen Grundnahrungsmitteln und billiger Arbeitskraft, aber auch durch die Abnahme importierter Waren, sicherte die »traditionelle« afrikanische Wirtschaft die Profitrate der »modernen« kolonialen Ökonomie.

Die Gold- und Diamantenfunde in Südafrika schienen den Ruf Afrikas als Eldorado zu bestätigen; letztlich erwiesen sich aber die Vorkommen von Kupfer, Phosphaten, Eisen oder Zinn als mindestens ebenso einträglich.

Der Kaffee hat seine Heimat in Afrika (Äthiopien). Der Strauch mit seinen immergrünen Blättern liefert im Alter von drei bis vier Jahren die ersten Erträge und erreicht eine Höhe von fünf bis sechs Meter, wird jedoch in den Plantagen künstlich niedrig gezogen. Der wichtigste afrikanische Produzent, Äthiopien, steht in der Weltproduktion an 5. Stelle.

Dazu lieferten die Kolonien Holz, Baumwolle, Sisal, Erdnüsse, Kakao, Kaffee, Tee, Kautschuk, Palmöl und anderes mehr. Staaten wie Senegal, Elfenbeinküste oder Kenya wurden zu Agrarexporteuren; andere, wie Marokko, Ghana, oder Südrhodesien (das heutige Zimbabwe) führten neben landwirtschaftlichen Exportgütern auch mineralische Rohstoffe aus; in Ländern wie dem Belgischen Kongo oder Nordrhodesien (das heutige Zambia) dominierte der Bergbau über die landwirtschaftliche Produktion und aus manchen Staaten (wie Obervolta, das heutige Burkina Faso) holte das koloniale System vor allem menschliche Arbeitskraft.

In einem waren alle kolonialen Systeme gleich: Der Ankauf, die Erstverarbeitung und der Transport der Rohstoffe lag in den Händen einiger weniger europäischer Firmen. Sie bedienten sich beim Ankauf agrarischer Produkte und im Verkauf importierter Waren asiatischer oder afrikanischer Zwischenhändler. Der Versuch afrikanischer Unternehmer, sich einen größeren Anteil an diesem Geschäft zu sichern, scheiterte oder blieb auf Nischen (wie dem Handel mit der Kolanuss) beschränkt.

Minenarbeiter in der Demokratischen Republik Kongo. Schwere körperliche Anforderungen, mangelhafte Ernährung und ungesunde sanitäre Bedingungen forderten in den ersten Jahrzehnten hohe Opfer unter den Wanderarbeitern in den Minen. Mit fortschreitender Technisierung, fachlicher Ausbildung und Verbesserung der Wohnverhältnisse wurde die Arbeit immer attraktiver und die Minenarbeiter zu einer privilegierten Gruppe.

Die »duale Gesellschaft«: Prozesse der Modernisierung und Ausgrenzung

Rechtfertigten Sklavenhändler und Sklavenhalter ihr Tun mit der grundsätzlichen Andersartigkeit der Versklavten, so beruhten Philosophie und Moral des Kolonialismus auf einem evolutionären Weltbild, in dem die weißen männlichen, bürgerlichen Menschen den Platz an der

Spitze der Entwicklungspyramide einnahmen und alle anderen, von geringem Status, eine Position nach Nutzen und Gutdünken der »weißen Männer« zugewiesen bekamen.

Der kolonialen Argumentation zufolge waren Afrikanerinnen und Afrikaner von kindlichem oder »pflanzenhaftem« Wesen. Ihre Kultur war statisch, ihr Handeln barbarisch, ihre Gesellschaft zurückgeblieben und ihre Glaubens- und Denksysteme primitiv. Diesen Zustand zu überwinden und die afrikanischen Gesellschaften an die Zivilisation heranzuführen, gab der koloniale Diskurs vor, sei die wesentliche Aufgabe der Kolonisatoren.

Dabei standen einander die beiden Konzepte der Assimilation und der Assoziation gegenüber: Assimilation bedeutete Anpassung und Eingliederung der Unterworfenen in die Zivilisation der jeweiligen Kolonialmacht; Assoziation hingegen hieß, den Kolonisierten ihren (d.h. den vom Kolonisator definierten) Platz in einem neuen kolonialen oder globalen System zuzuweisen (und mit allen Mitteln dafür zu sorgen, dass sie diesen Platz und die damit verbundenen Rollen auch einnahmen). Die Integration lokaler Eliten in die Verwaltung, die Umwandlung von freien Bauern in Produzenten für den Exportmarkt und die Schaffung abhängiger Arbeitskraft waren Prozesse der Assoziation, während die

Apartheid, die soziale und räumliche Trennung der »weißen« und der »nicht-weißen« Bevölkerung, gab es in allen kolonialen Gesellschaften. Ihre extreme Ausformung als Petty Apartheid erfuhr sie allerdings nach 1947 in Südafrika: getrennte Eingänge, getrennte Parkbänke, Trennung in den Verkehrsmitteln u. a. mehr. Hinter dieser extremen Form des Rassismus und der Menschenverachtung verbarg sich Angst ebenso wie der Wunsch der weißen Bevölkerung, die eigenen Privilegien möglichst lange zu erhalten.

Schaffung und Förderung einer kleinen modernen Elite assimilatorische Vorstellungen umsetzte.

Was den »Auftrag zur Zivilisierung« und die »Schaffung disziplinierter Arbeitskraft« betraf, stimmten Kolonialpolitiker und christliche Missionen überein, nicht aber hinsichtlich der einzusetzenden Methoden. Schulbildung und Alphabetisierung waren für die Missionen das beste Mittel für die Bekehrung zum christlichen Glauben und sollten daher möglichst viele Afrikaner unter Verwendung der jeweils eigenen Sprachen erfassen. Die koloniale Verwaltung und Wirtschaft sah Grundschulbildung in der Kolonialsprache oder einer afrikanischen Verkehrssprache nur für einen kleinen Teil der Bevölkerung vor, soweit dies für die Erfüllung von Dienstleistungen notwendig schien.

Mit unterschiedlichen sozialen, wirtschaftlichen und gesetzlichen Maßnahmen erzeugten die Kolonialmächte in den ersten Dekaden ihrer Herrschaft eine Gesellschaft, die durch Grenzen und Diskriminierung geprägt war. Die kolonialen Mächte schufen nicht nur territoriale, sondern auch gesellschaftliche Grenzen neu: Zum einen wurde mit dem Konzept der Rasse argumentiert (»Europäer«, »Asiaten«, »Afrikaner«, oder noch einfacher »Weiße« und »Schwarze«); zum anderen gründeten die Grenzen in der Dualität »modern/westlich« versus »traditionell«. Das Konzept der Dualität schied die große Masse der bäuerlichen Bevölkerung, die als *cash crop*-Produzenten oder als saisonale Wanderarbeiter nur am Rande in den modernen Sektor integriert waren, von einer westlich sozialisierten »neuen Elite«, die als Lehrer, Mediziner oder Verwaltungskräfte im Dienst der Kolonialverwaltung standen bzw. als Großgrundbesitzer oder Händler mit ihr zusammen arbeiteten.

Besonders wirksam, aber auch folgenschwer war die »Erfindung des Stammes«, die Zuweisung unterschiedlicher tribaler Identitäten und das

> Missionierung und christliche Schulen waren im 19. Jahrhundert die Grundlagen für die **Bildung eines modernen Bürgertums** in den Küstengebieten Ghanas. Der Handel mit Waren und die Produktion von Kakao verschafften seinen Mitgliedern ein oft beträchtliches Vermögen. Sie passten sich den europäischen Lebensformen an, ließen ihre Kinder in Missionsschulen ausbilden und schickten sie zum Studium nach Europa oder in die USA. Manche traten als Ärzte, Offiziere, Richter oder Beamte in den Kolonialdienst. Ihre Fähigkeiten und ihr Lebensstandard machten sie zu selbstbewussten Bürgern, die sich mit politischen und rechtlichen Methoden gegen die Kolonisierung zur Wehr setzten. Bis gegen Ende des 19. Jahrhunderts konnte sich das einheimische Bürgertum behaupten. Mit zunehmender Präsenz britischer Beamter sank der Anteil Einheimischer im höheren Verwaltungsdienst und es vertiefte sich der Graben zwischen Kolonisierten und Kolonisator.

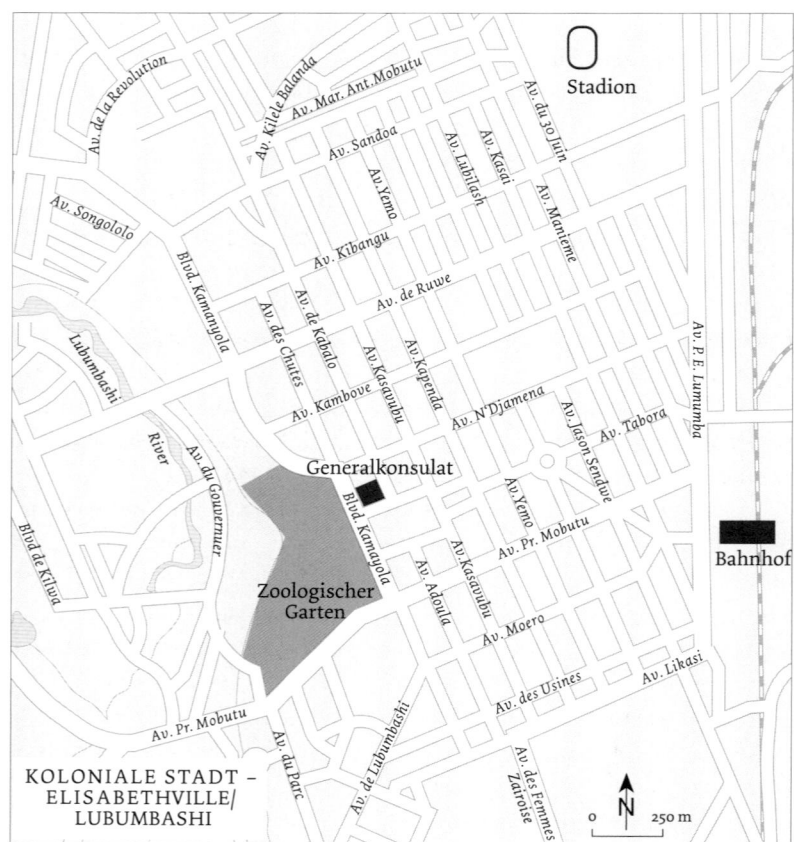

KOLONIALE STADT –
ELISABETHVILLE/
LUBUMBASHI

Die Minenstadt Lubumbashi wurde als Elisabethville 1910 gegründet und zeigt das typische Bild einer kolonialen Stadt. Um das Zentrum mit seinen rechtwinkeligen Straßen, mit Geschäften und Wohnungen der Europäer, gruppierten sich afrikanische Wohnviertel, getrennt vom Zentrum durch einen Gürtel von öffentlichen Einrichtungen. Zwischen den Wohnvierteln der Afrikaner oder daran anschließend lagen (und liegen) die Kupferverhüttungsanlage und die Eisenbahn samt ihren Werkstätten. In den Jahren vor dem Ersten Weltkrieg lebten rund 8 000 Menschen in Lubumbashi; 7 000 davon waren Afrikaner. Heute hat Lubumbashi rund 1,5 Mio. Einwohner.

gegeneinander Abgrenzen und Ausspielen der afrikanischen Nationen, um sie an einem gemeinsamen Widerstand gegen den Kolonialismus zu hindern.

Für die Mehrheit der Bevölkerung galt durch Kolonialbeamte niedergeschriebenes »einheimisches Recht«, Vorschriften und Pässe regelten die Niederlassung und das Reisen, und getrennte Bildungseinrichtungen oder Arbeitsgesetze in Verbindung mit unterschiedlichen Lohntarifen bevorzugten die europäische und asiatische Bevölkerung der Kolonien. Deutlich sichtbar wurden die Grenzen sowohl in der Struktur der kolonialen Städte, wie in der getrennten Entwicklung von Stadt und Land.

Frankreich, Portugal und Spanien unterschieden durch gesetzliche Bestimmungen zwischen Bürgern und Untertanen. Den Wechsel vom »kolonialen Subjekt« zum »assimilierten kolonialen Bürger«, der gebunden war an höhere Bildung und ein mittelständiges Einkommen, vollzog bis zum Ende der Kolonialzeit weniger als 1% der afrikanischen Bevölkerung.

Die Schaffung eines kolonialen Entwicklungsstaates und die Überwindung der Wirtschaftskrise (1918–1945)

Es lassen sich für die erste Hälfte des 20. Jahrhunderts drei Perioden der wirtschaftlichen Entwicklung unterscheiden: der Raubkolonialismus und die Expansion des westlichen Kapitals, die Konsolidierung der kolonialen Wirtschaftssysteme und schließlich die Krise der 1930er Jahre, die in eine staatsgelenkte Wirtschaft der Kriegsjahre mündete.

Die erste und zweite Periode waren geprägt von Vertrauen in die Gestaltungsmacht des Marktes, wobei sich die kolonialen Unternehmen nach ersten Anfängen sehr bald die staatliche Unterstützung bei der Umsetzung ihrer Projekte sicherten. Mit der Weltwirtschaftskrise stieg das Ausmaß der staatlichen Eingriffe; zudem banden die Metropolen ihre Überseebesitzungen enger ans Mutterland und behinderten oder verhinderten wirtschaftliche Aktivitäten fremden Kapitals in ihren Kolonien.

Afrikas Beitrag zum Welthandel wuchs in den ersten vier Jahrzehnten des 20. Jh. deutlich rascher als der Welthandel insgesamt; 1913 lieferte Afrika 3,7 % der Weltexporte und erhielt 3,6 % der Weltimporte. Zu Beginn des Zweiten Weltkriegs betrugen diese Anteile nahezu das Doppelte.

Koloniale Wirtschaftsplanung

Die Konzentrationsprozesse während und nach dem Ersten Weltkrieg, begleitet von einer starken Nachfrage nach Rohstoffen sowie die ersten Ansätze einer kolonialstaatlichen Planung in den 1920er Jahren stabilisierten die kolonialen Regime: Einige wenige große Firmen kontrollierten den Markt und die Kolonie hatte die Wirtschaft der Metropole auf das Beste zu ergänzen.

Militärische Gewalt als Mittel der Herrschaft wurde durch eine zivile Verwaltung und eine geplante – wenn auch nicht immer effiziente und gewinnbringende – Nutzung der Ressourcen ersetzt. Voraussetzung dafür waren Investitionen in die Infrastruktur, wirtschaftliche Steuerung

Der Bau von Eisenbahnen in der frühen kolonialen Periode war unabdingbare Voraussetzung für den Export der mineralischen und landwirtschaftlichen Rohstoffe. Vor allem die deutschen Kolonien hatten mit Beginn des Ersten Weltkriegs bereits ein recht gutes Schienennetz, das den »Erben« des deutschen Kolonialismus zugute kam.

und Qualifikation der Arbeitskraft sowie die Auslagerung bestimmter Tätigkeiten an einheimische oder asiatische Mittelsmänner.

In Frankreich formulierte Kolonialminister Albert Sarraut 1923 ein Konzept der wirtschaftlichen Nutzung der Kolonien (*La Mise en valeur des colonies françaises*) und das britische Parlament verabschiedete 1929 seinen ersten *Colonial Development Act*. Auch Portugal ging ab 1926, mit Beginn der faschistischen Diktatur, zu einer straffen Kontrolle seiner Kolonien über, wobei nur Angola und Moçambique reich genug waren, Überschüsse zu erwirtschaften, die der ärmsten aller Kolonialmächte dringend benötigte Devisen einbrachten.

Nutznießer der kolonialen Subventionen waren in erster Linie europäische Farmer und Firmen im Besitz des jeweiligen metropolitanen Kapitals, während die einheimischen Händler und Produzenten ab den 1920er Jahren immer stärker ins Hintertreffen kamen.

Die Weltwirtschaftskrise

Ende der 1920er Jahre begannen die Preise der meisten tropischen Exportgüter rasch zu fallen. Manche Produzenten versuchten durch eine Ausweitung der Produktion ihre Einkommensverluste abzufangen, was in

Nordafrika zum Anbau von mehr Weizen und Wein führte und in Ländern südlich der Sahara zu einem Überangebot an Kakao und Baumwolle. Die koloniale Verwaltung verstärkte den Druck auf die afrikanischen Bauern, um zu verhindern, dass diese sich auf die Erzeugung von Nahrungsmitteln und Konsumgütern für den lokalen Markt verlegten und die Exportmengen noch weiter zurückgingen.

Die Preise agrarischer Exportprodukte verringerten sich sehr stark verglichen mit den späten 1920er Jahren. Anfang 1930 zahlte man in Marseille für Erdnüsse etwa 75 % des Preises von 1928; im Herbst 1933 lag der Preis bei 25 %. Ähnlich war es bei Kakao, Baumwolle oder Sisal. Da sich die importierten Güter bei Weitem nicht so stark verbilligten, kam es zu einer deutlichen Verschlechterung der *terms of trade*, des Austauschverhältnisses von importierten und exportierten Gütern. So beschleunigte sich der Abfluss von Werten aus den Kolonien, erhöhte sich der Aufwand der lokalen Bevölkerung für die Grundsicherung ihres Lebens, verbilligten sich sogenannte Kolonialwaren für die Bewohner der Metropole und stieg der Profit der kolonialen Unternehmen.

Rohstoffpreise und Wirtschaftskrise

Holz aus Gabun wurde noch bis 1931 teurer, der Preis für Kupfer verfiel hingegen rasch: 1929 kostete eine Tonne Kupfer 405 US-$, 1932 nur noch 128 US-$. Die Bergbauproduktion des Kongo schrumpfte zwischen 1929 und 1932 insgesamt um 81,2 %; Marokkos Phosphatexporte verringerten sich um ein Drittel. Die Produzenten von Gold und Diamanten hingegen gewannen in der Krise: Der Goldpreis stieg auf nahezu das Doppelte. *Ashanti Goldfields* zahlte seinen Aktionären in den 1930er Jahren zwischen 75 % und 95 % Dividende, und die Inhaber von Aktien des *Consolidated African Selection Trust*, der in der Goldküste Diamanten abbaute, konnten sich über durchschnittlich 55 % Ertrag freuen. Während die Gewinne aus der Goldküste abflossen, förderten sie in Südafrika und Südrhodesien die Industrialisierung des Landes und trugen dazu bei, die Siedlerökonomien wirtschaftlich zu festigen.

Der französische Sozialwissenschaftler René Dumont errechnete, dass 1914 ein durchschnittlicher Erdnusspflanzer im Senegal 70 % der Kaufkraft eines französischen Arbeiters aufbrachte, 1968 aber nur noch 13 %.

Der koloniale Staat, der sich vor allem aus der Besteuerung der Bauern sowie durch Ein- und Ausfuhrabgaben finanzierte, versuchte beides hoch zu halten, musste aber auch Kredite aufnehmen, um begonnene Infrastrukturprojekte fortzuführen. Die schwächeren kolonialen Unternehmen gingen, ebenso wie viele weiße Farmer in den Siedlerkolonien bankrott, die übrigen wurden vom Staat gestützt – z.B. durch eine Subvention der Transportkosten –, damit sie ihre Tätigkeit mit Gewinn fortführen konnten.

Die Folgen der Krise

Durch die große Krise der 1930er Jahre wurden Afrikas Gesellschaften bis in die entlegensten Winkel in die Weltwirtschaft eingebunden. Der moderne Wirtschaftsbereich, vor allem der Bergbau, schrumpfte und setzte den Überschuss an Arbeitskräften frei, ohne sich viel darum zu kümmern, was aus den Arbeitern wurde. Enteignung von Landbesitz für Plantagen und Siedler hatte in vielen Kolonien (wie Algerien, Angola, Südrhodesien oder Kenya) die afrikanischen Bauern um den Großteil des fruchtbaren Bodens gebracht und die afrikanische Bevölkerung in Reservate zusammengedrängt. In Südafrika gestand die weiße Siedlerregierung im *Native Trust and Land Act* von 1936 der schwarzen Bevölkerung (rund drei Viertel der Gesamtbevölkerung) nur 13 % der Gesamtfläche des Landes zu.

Knappheit an Boden, aber auch die steigende Attraktivität der Städte hatten in weiten Teilen Afrikas zur Folge, dass die Arbeitslosen nicht wieder in die Herkunftsgebiete zurückkehrten, sondern in den Zentren unter elenden Bedingungen den Wiederbeginn der Konjunktur abwarteten. Die Bauern und Pflanzer, die für den Markt und den Export produzierten, sahen ihr Einkommen drastisch reduziert und versuchten, durch mehr Arbeit und Vergrößerung der Anbauflächen etwas von den Verlusten aufzufangen. Das bedeutete einerseits höhere Arbeitsbelastung für die Familienmitglieder – Jugendliche und Frauen – andererseits geringere Reserven, um Krankheit oder Hunger überwinden zu können.

In manchen Teilen Afrikas kam es zur Verschuldung der Bauern. Vorschüsse der Händler konnten aufgrund des Preisverfalls nicht abgedeckt werden und oft mussten die Bauern nach Abgabe der Steuern neue Kredite aufnehmen. In den Baumwollgebieten Nordnigerias etwa waren in den späten 1930er Jahren weit mehr als ein Drittel aller Produzenten verschuldet. In anderen Gegenden revoltierten die Bauern gegen die Handelsgesellschaften und die Verwaltung. In großen Teilen des Sahel mussten die französischen Kreisverwalter in den Jahren 1933/34 auf die Erhebung von Steuern verzichten – es gab einfach nichts mehr zu kassieren.

Die Lohnarbeiter und Arbeitslosen in den Städten und Minenzentren bildeten Unterstützungsvereine, die ländliche Bevölkerung konzentrierte sich auf die Versorgung mit Grundnahrungsmitteln, doch oft blieb nicht genug zum Überleben. Die Katastrophe kam zu einem Zeitpunkt als tausende Arbeiter gezwungen wurden, Landepisten für den

---

Die Knappheit an Baumwolle während des Ersten Weltkrieges veranlasste sowohl Frankreich wie Großbritannien den Anbau in ihren Kolonien stark zu fördern. Einerseits finanzierten sie den Ausbau künstlich bewässerter Flächen und die Ansiedlung von Bauern und Pflanzern, andererseits versuchten sie mittels Vorschreibungen, die Baumwollbauern zu einer höheren Produktion zu zwingen. Die Baumwolle exportierenden Länder Afrikas stehen allerdings heute vor dem Problem, dass sie mit den durch Regierungsgelder geförderten Produzenten in den USA auf dem Weltmarkt nicht mithalten können.

96

sich mit 1930 entwickelnden Flugverkehr zu bauen. Die Kolonialverwaltung hielt es so lange nicht für notwendig, Steuern und Arbeitsverpflichtung zurückzunehmen, als sie von der durch Hungertod und Migration dezimierten Bevölkerung noch etwas abpressen konnte.

Ein Teil der europäischen Einwanderer ging wieder nach Europa zurück; der Großteil der afrikanischen Bevölkerung verarmte durch die Krise. Ein kleiner Teil Privilegierter – Großbauern, Händler und Transport-

unternehmer – nutzte jedoch, ebenso wie die kolonialen Firmen, Subventionen, Preisverfall und die Verschuldung der kleinen Bauern zum eigenen Vorteil.

Der koloniale Staat versuchte, etwa durch den Bau von Getreidespeichern, den Krisen vorzubeugen. Er gründete Einrichtungen zur Kontrolle und Förderung des Handels und der landwirtschaftlichen Exportproduktion, die die privaten Handelsnetze ergänzten. Es entstanden Ausgleichskassen und Entwicklungsorganisationen, wie die *Sociétés Indigènes de Prévoyance* im französischen Bereich oder im britischen die Vermarktungsgesellschaften und –genossenschaften, denen in den 1940er Jahren staatliche *marketing boards* folgten.

97

Die wirtschaftliche und gesellschaftliche Erholung

Mitte der 1930er Jahren begann sich die Wirtschaft wieder zu beleben. Die Nachfrage nach Rohstoffen stieg – nicht zuletzt infolge der Aufrüstung in Europa. Die Kolonialmächte profitierten nach Errichtung von Zollbarrieren vom geschützten Markt ihrer Überseebesitzungen, auch wenn von der Quantität her Afrika immer noch eine bescheidene Rolle für die metropolitane Wirtschaft spielte.

Der Zufluss privaten Kapitals hielt sich in Grenzen. Investitionen kamen in erster Linie vom Staat, der sich auch um die Bildung von Entwicklungsorganisationen für die ländliche *cash crop*-Produktion zu kümmern hatte. In die Förderung der Wirtschaft war auch das staatliche und durch Missionen betriebene Bildungssystem eingebunden, bis hin zur Ausbildung von Facharbeitern für bestimmte Bereiche.

Die Wirtschaftskrise hatte, ebenso wie die Umstellung der kolonialen Wirtschaft auf modernere Technologie, eine deutliche Wirkung auf den Arbeitsmarkt. Arbeit im modernen Sektor wurde attraktiver, und mit wieder steigender Nachfrage nach Arbeitskraft stieg auch deren Verhandlungsmacht. Massenmigration auf Zeit einerseits – in große landwirtschaftliche Projekte oder in die Minengebiete –, die Entstehung einer städtischen Arbeiterklasse oder zumindest einer qualifizierten Arbeiterschaft andererseits waren eng verbunden mit dem wirtschaftlichen Aufschwung der zweiten Hälfte der 1930er Jahre.

Es entstanden afrikanische Gewerkschaften und in erfolgreichen Lohnkämpfen gelang es ihnen, Arbeitsbedingungen und Einkommen im modernen Sektor zu verbessern.

Die durch die Zwangsmaßnahmen der frühen Kolonialzeit destabilisierte ländliche Gesellschaft kam mit der durch die Krise veränderten Lage schlechter zurecht als die städtischen Lohnabhängigen. Nicht zuletzt Frauen rebellierten in verschiedenen Teilen des kolonialen Afrika gegen die Ausweitung von Steuern und gegen die Eingriffe einheimischer und fremder kolonialer Funktionäre in ihre Wirtschaft (Handel, Agrarproduktion).

In den französischen und britischen Kolonien war die kurze wirtschaftliche und soziale Erholungsphase 1935 bis 1939 mit einer politischen Liberalisierung verbunden. In den spanischen und portugiesischen Besitzungen verschärfte sich jedoch die koloniale Kontrolle, denn hier setzte mit deutlicher Verspätung erst in den 1930er Jahren die koloniale Planwirtschaft ein. Während die beiden großen Kolonialmächte begannen, Entwicklungshilfe zu leisten, bescheiden vorerst, lasteten die kleinen Mächte die Kosten für die nachzuholenden Investitionen zur Gänze den Kolonien auf. In den italienisch besetzten Gebieten kam noch als Belastung der Krieg gegen Äthiopien, bzw. in Lybien die Kolonisierung durch italienische Auswanderer sowie die Vorbereitung zum Zweiten Weltkrieg dazu.

Der Zweite Weltkrieg

Mit dem Ausbruch des Zweiten Weltkriegs wurde auch Afrika in die Auseinandersetzung der europäischen Mächte einbezogen. Die Alliierten bauten Garnisonen und Hafenanlagen, stationierten Truppen und rekrutierten afrikanische Soldaten.

Im Juni 1940 unterlag Frankreich den Deutschen. Während ein Teil seiner Kolonien – Westafrika und der Indische Ozean – vorerst dem von den deutschen Besatzern eingesetzten Vichy-Regime treu blieb, erklärte Zentralafrika seine Unterstützung für de Gaulle und dessen *Freies Frankreich*. Der Kongo schloss sich nach der Kapitulation Belgiens im Mai 1940 ebenfalls dem alliierten Lager an.

Spanien und Portugal blieben neutral, Italien aber trat im Juni 1940 in den Krieg ein, und damit weiteten sich die Kampfhandlungen auf den afrikanischen Kontinent aus. In Äthiopien und Somalia unterlagen die Italiener den britischen Truppen trotz dreifacher Übermacht innerhalb weniger Monate. In Nordafrika verstärkten Rommels Divisionen die italienische Besatzungsarmee und stießen von Lybien aus nach Tunesien und Ägypten vor. Im November 1942 landeten die Alliierten in Marokko, im Mai 1943 war in Nordafrika der Krieg zu Ende.

Auch wenn nur wenige Staaten Afrikas unmittelbar in den Krieg einbezogen wurden, so waren die Folgen der Auseinandersetzung doch überall zu spüren. Zwangsarbeit, Ablieferungsquoten für Rohstoffe und Beschlagnahmung von Nahrungsmitteln hatten in manchen Regionen Hungersnöte zur Folge. Kolonialbeamte und Unternehmer brauchten ungehindert Gewalt zur Durchsetzung ihrer Forderungen, waren jedoch nicht bereit oder imstande, lokale Krisen abzuwehren – so verhungerten in Rwanda-Burundi in dieser Zeit etwa 300 000 Menschen.

Die Lebenshaltungskosten stiegen weit schneller als die Löhne, die Städte wuchsen, ohne dass die notwendige Infrastruktur geschaffen wurde, und vor allem auf dem Land fehlte es an Gesundheitseinrichtungen und Medikamenten, sodass Epidemien eine hohe Zahl von Menschenleben forderten.

Mit der Niederlage der Achsenmächte, der Internierung der italienischen Siedler in Lybien und der Einrichtung einer Regierung des *Freien Frankreich* in Algier 1943 war der Krieg in Afrika vorbei. Hunderttausende afrikanischer Soldaten mussten jedoch an anderen Schauplätzen des Weltkriegs und verschiedener Kolonialkriege noch bis Ende 1950er Jahre weiterkämpfen.

Während des Weltkriegs verschärfte sich beinahe überall die politische und wirtschaftliche Kontrolle. Die Gründe dafür lagen in der Unterordnung der zivilen Verwaltung unter die militärische, in der – manchmal nicht unbegründeten – Furcht der lokalen Verwaltung vor Unterwanderung nationaler Gruppierungen durch die Kriegsgegner und in den höheren Anforderungen durch die Kriegswirtschaft.

Die koloniale Wirtschaft blühte in vielen Teilen Afrikas aufgrund der Nachfrage nach Rohstoffen, der Ersatzproduktion von Gütern und der straffen Kontrolle von Arbeitskraft. Dabei griffen die Verwaltung und die Unternehmer auch wieder auf Formen der primitiven Ausbeutung zurück: Wie zu Beginn der Kolonisierung wurden die Menschen zum Sammeln von Rohstoffen gezwungen und Arbeitskräfte mit Gewalt in die kolonialen Unternehmen gepresst.

Politische Herrschaft und afrikanischer Nationalismus

Wie sich im 19. Jahrhundert die koloniale Ideologie und ihre Rechtfertigungsstrategien entwickelten, so finden sich dort auch die Wurzeln des afrikanischen Nationalismus und der antikolonialen (panafrikanischen) Bewegung, aus denen im 20. Jahrhundert ein neues afrikanisches Selbstbewusstsein und nationale Identitäten erwuchsen. Politische Emanzipation, die Suche nach afrikanischer Selbstbestimmung und antikolonialer Widerstand sind von daher untrennbar mit den kolonialen Systemen verbunden.

Die politische Landschaft zu Beginn der hochkolonialen Periode

1919, mit dem Friedensvertrag von Versailles, war Deutschland aus dem Kreis der Kolonialmächte ausgeschieden; seine Eroberungen gingen als Mandatsgebiete an Belgien, Frankreich, Großbritannien und die Südafrikanische Union. Der Auftrag des Völkerbunds an die Mandatsmächte lautete wohl, die unterstellten Gebiete so rasch als möglich zur Selbstständigkeit zu führen. Jedoch behandelten die beauftragten Staaten diese Gebiete nicht anders als die eigenen Kolonien, und an deren Unabhängigkeit war aus Sicht der Kolonisatoren nach lange nicht zu denken.

Die Kolonisierung hatte mit den 1920er Jahren weitgehend ihr Ziel erreicht. Die Mehrheit der kolonisierten Bevölkerung stand dem Kolonisator passiv gegenüber; der Kern der zukünftigen »modernen Elite« wurde im eigenen Interesse initiativ und passte sich dabei dem kolonialen System an. Ein kleiner Teil der afrikanischen Bevölkerung leistete, mit unterschiedlichen Mitteln und Zielen, Widerstand und schloss sich zuletzt einer der beiden anderen Gruppen an oder ging im und am Widerstand zugrunde.

Es gab in der hochkolonialen Periode kein Territorium mehr auf dem Kontinent, das nicht von der Kolonisierung erfasst war; das galt auch für jene Länder, die nominell souveräne Staaten waren, wie Liberia, Ägypten, die Südafrikanische Union und Äthiopien. Liberia war eine Neokolonie der USA, Südafrika und Ägypten blieben politisch wie als Rohstofflieferanten eingebunden in das britische Imperium, und Äthiopien fiel Italien zu, als die übrigen europäischen Mächte nach Jahrzehnten des Wettbewerbs um Einfluss in der Region aus globalstrategischen Gründen dem faschistischen Italien den Weg freigaben.

Der Tisch der Unterzeichnung des deutschen Friedensvertrages im Spiegelsaal des Schlosses Versailles symbolisiert für Afrika eine kleine Wende. Eine der Mächte, über deren hartes Vorgehen viele Klagen entstanden waren, verließ den kolonialen Wettbewerb und aus seinen Kolonien wurden, zumindest dem Namen nach, Treuhandgebiete. Die Treuhänder hatten vom Völkerbund den Auftrag, die Territorien so rasch als möglich zur Souveränität zu führen.

Afrikas »Beitrag«
zum Zweiten Weltkrieg

Frankreich hatte bereits 1939 rund 100 000 Soldaten in den Kolonien ausgehoben, davon die meisten in Afrika, und 340 000 Mann standen 1943 in Nordafrika bereit für den alliierten Vorstoß nach Italien. Die Verluste unter den Rekruten aus den Kolonien waren hoch: 29,6 % der Madagassen, die zum Einsatz kamen, fielen, und 38 % der sogenannten *tirailleurs sénégalais*.

Großbritannien holte in Ost- und Zentralafrika nahezu 200 000 Mann in die Armee, rekrutierte in der Goldküste 65 000 für die Schlachtfelder in Europa und Südostasien und forderte, ebenso wie Frankreich, Beiträge für die Kriegskasse: Die Goldküste z.B. brachte über 360 000 £ für den britischen Kriegsfonds auf (von einigen Millionen £ insgesamt, die Großbritanniens afrikanische »Untertanen« in die Kriegskasse einzahlten); dazu kamen Kriegsanleihen, für die Großbritannien seinen afrikanischen Kolonien nach Ende des Krieges mehr als 200 Mio. £ schuldete. Auch in den französischen Territorien wurde gesammelt: Französisch Westafrika (AOF) etwa trug rund 1,5 Mrd. Francs zu den Kriegskosten bei.

Afrikaner und Afrikanerinnen erbrachten einen Beitrag zu einem Krieg, der nicht der ihre war. Im Belgischen Kongo hatte die männliche Bevölkerung der ländlichen Gebiete 60 Tage Zwangsarbeit pro Jahr zu leisten; der Zinnabbau in Nigeria florierte ebenso wie die Sisalproduktion in Tanganyika vor allem aufgrund der zwangsverpflichteten Arbeitskräfte. Überall in den Kolonien konnten die weißen Siedler der erhöhten Nachfrage nach Agrarprodukten nur mit Hilfe unfreiwilliger Arbeitskraft entsprechen.

Die Rohstoffe aus Afrika waren für die Alliierten von entscheidender Bedeutung: Der Kontinent lieferte während der Kriegsjahre 50 % des Goldaufkommens, 19 % der Manganerze, 39 % bei Chrom, 24 % bei Vanadium und etwa 17 % des Kupfers, dazu fast 90 % des verarbeiteten Kobalts, die gesamte Uraniumproduktion und 98 % der Weltproduktion an Industriediamanten.

Die Produktion der Kupferminen in Katanga stieg von 122 000 t (1939) auf 165 000 t (1944). Ghanas Manganproduktion verdoppelte sich in den Kriegsjahren und Nigeria erzeugte um 41 % mehr Zinn. Südafrika verdiente am meisten am Gold, wurde zum drittgrößten Lieferanten von Platin und sicherte sich eine dominierende Stellung im Handel mit Diamanten, die zu dieser Zeit vor allem aus dem Belgischen Kongo kamen.

Während Südafrika und die britischen Kolonien ihre Rohstoffe in erster Linie an Großbritannien lieferten, wurde der Belgische Kongo zu einem wichtigen Wirtschaftspartner der USA.

Auch die Landwirtschaft und die industrielle Produktion waren in die Kriegswirtschaft eingebunden. Die Produktion von Baumwolle, Erdnüssen und Palmöl stieg mit Kriegsbeginn signifikant. Den europäischen Pflanzern und Farmern garantierte Großbritannien hohe Preise für ihre Produkte, zahlte im Voraus und zahlte selbst dann, wenn aus Mangel an Transport- und Lagermöglichkeiten die angekauften Produkte – wie es bei Bananen oder Kakao geschah – verbrannt oder ins Meer gekippt werden mussten.

Die *Kenya Farmers Association* wurde zur staatlichen Vermarktungsorganisation für Mais; sie bestimmte in dieser Funktion die Ankaufspreise und vergab auch Kredite. Während weiße Farmer für ihre Produkte über dem Marktpreis bezahlt wurden, erhielten einheimische Bauern deutlich weniger – den afrikanischen Baumwollproduzenten in Uganda bezahlte man 1943 nur noch 28 % des Exportpreises.

In vielen Kolonien, die von Europa und anderen überseeischen Lieferanten nicht mehr versorgt werden konnten, entstand eine Ersatzgüterproduktion; die höheren Kosten der Produkte (wie Seife und andere Dinge des täglichen Gebrauchs) hatten nicht zuletzt die afrikanischen Verbraucherinnen und Verbraucher zu tragen. Mit wenigen Ausnahmen hielt diese Industrialisierung der Öffnung des Marktes nach 1945 nicht stand. Südafrika hingegen hatte schon in der Wirtschaftskrise vom Anstieg des Goldpreises profitiert, seine Warenproduktion nahm während des Krieges um 116 % an Wert zu, und die Industrialisierung ging auch nach dem Krieg weiter. ■

Frankreich setzte die *tirailleurs sénégalais*, 1857 von Gouverneur Faidherbe als Eliteeinheit der westafrikanischen Kolonialtruppen gegründet, nicht nur in Kolonialkriegen und gegen rebellierende Afrikaner (wie 1947 in Madagaskar) ein, sondern auch in den beiden Weltkriegen. 1940 zogen 40 000 gegen die Deutsche Wehrmacht – 17 000 davon fielen und 15 000 wurden interniert.

Der verhaltene Aufstieg der Eliten

Bereits in der Frühzeit hatten sich Vertreter der afrikanischen Elite mit Hilfe westlicher Strategien gegen die koloniale Einmischung zur Wehr gesetzt: Das geschah mittels Petitionen – an Königin Viktoria, andere europäische Herrscher oder metropolitane Parlamente –, durch Gerichtsverfahren, Demonstrationen oder öffentliche Proteste. Die frühen Nationalisten und Panafrikanisten gründeten politische Organisationen, gaben politische Zeitschriften und Bücher heraus und nahmen an internationalen Treffen teil. Die Gründung des Völkerbundes (1920) verschaffte ihnen ein hochrangiges Forum. Der intellektuelle und politische Widerstand erfasste jedoch bis in die 1920er Jahre nur eine Minderheit der afrikanischen Bevölkerung.

In den 1920er und 30er Jahren entstanden in vielen kolonialen Staaten politische Parteien, intellektuelle Klubs und wirtschaftliche Organisationen (Genossenschaften von Agrarproduzenten), doch waren die meisten dieser Gruppierungen sehr stark mit Einzelpersönlichkeiten verbunden, ethnisch-nationalistisch orientiert und befassten sich mit Problemen der jeweils eigenen Lebensumgebung. Ihre Aktivität zeigte, vor

allem im anglophonen Raum, dennoch Wirkung. Progressive Kolonialbeamte wie Gouverneur Guggisberg in der Goldküste griffen die Vorschläge der *educated Africans* auf und setzten manches davon um; so kam es zur Gründung des *Achimota College*, das sich zur ersten modernen Universität Westafrikas entwickelte und zur Einrichtung eines eigenen Höchstgerichts für das britisch besetzte Westafrika.

Afrikanische Pflanzer schafften durch die Produktion von Kakao, Kaffee, Baumwolle oder Erdnüssen den Grundstock eines Vermögens, das sie u.a. in Boden, Immobilien oder Handels- und Transportunternehmen anlegten. Produzenten agrarischer Exportgüter wehrten sich gegen das Preisdiktat der europäischen Handelsgesellschaften durch Gründung von Genossenschaften, Verkaufsboykott oder Schmuggel über koloniale Grenzen, wenn in den Nachbarländern für ihre Produkte höhere Preise zu erzielen waren.

Die Reaktion auf das neue nationale Selbstbewusstsein war in den Metropolen unterschiedlich. Die Regierung der Volksfront in Frankreich (1936–38) lockerte die Kontrolle von Printmedien und unterstützte die Bildung frankophiler politischer Vereine. Organisationen einheimischer Pflanzer und afrikanische Gewerkschaften wurden zugelassen. Großbritannien ersetzte bzw. erweiterte die Zusammenarbeit mit den traditionellen Eliten im Rahmen der *indirect rule* durch die Schaffung lokaler Gremien (*local councils*), die einer neuen Generation mit westlicher Bildung einen Zugang zur Macht eröffneten.

In Südafrika wurde 1912 als erste moderne Bewegung der *South African Native Congress* gegründet, die heutige Regierungspartei ANC, der *African National Congress*. Die Siedlerregierung schwächte die politischen Aktivitäten der afrikanischen Eliten durch Gesetze, die Wohnen und Arbeiten strikter Regulierung unterwarfen, und spielte die verschiedenen Volksgruppen gegeneinander aus. Auch Belgien förderte im Kongo sehr stark die regionale Differenzierung – bei nahezu 300 unterschiedlichen ethnischen Gruppierungen ein wirksames Mittel, um antikoloniale Bewegungen zu hintertreiben.

Portugal schließlich setzte den Ansätzen eines antikolonialen (und Demokratie fordernden) Bewusstseins zu Hause wie in den Kolonien sehr rasch ein Ende, desgleichen Spanien. Italiens Kolonien waren noch nicht oder gerade erst zur Ruhe gekommen. Zwischen Assimilation, Faschismus und brutaler Unterdrückung war kein Raum für einen Nationalismus der Afrikaner.

Links: Mission und Kolonialverwaltung hatten schon früh für eine Grundschulausbildung gesorgt – höhere Schulen und Universitäten entstanden erst nach dem Ersten Weltkrieg: aus der Makerere Technical School in Kampala (Uganda, gegr. 1922) und dem Prince of Wales College in Achimta (Ghana, gegr. 1927) wurden Universitäten. Die Universität von Kapstadt im Bild wurde zwar bereits 1829 als South African College gegründet – die ersten schwarzen Studenten wurden jedoch erst in den 1920er Jahren zugelassen und ihre Zahl blieb bis gegen Ende der Apartheid recht gering.

Soziale Organisation und Widerstand in der breiten Bevölkerung

Die wirtschaftliche Expansion, die systematische Ausbeutung immer breiterer Bevölkerungsschichten, die Entstehung einer stabilen Gruppe von Lohnarbeitern und Angestellten, der koloniale Rassismus und das Ausgreifen des kolonialen Staates auch in Bereiche, die vordem nicht berührt wurden – dazu gehört der Eingriff in ländliche Produktionsweisen durch Einschränkung des Viehbestands und eine gelenkte Agrarentwicklung – ließen neue soziale und politische Gruppierungen sowie Fronten des Widerstands innerhalb der breiten Bevölkerung entstehen.

Sie setzten sich gegen Diskriminierung und für eine Verbesserung der eigenen Lebensbedingungen ein – nationale Einheit und Unabhängigkeit waren, wenn überhaupt, nur am Rande von Bedeutung.

Arbeiterorganisationen entstanden in den Minengebieten und in den rasch wachsenden Städten. Sie dienten einerseits der kulturellen und sozialen Eingliederung der Migranten in die koloniale Stadt – dabei wurden sie auch von Regierung und Unternehmern unterstützt. Sie waren andererseits eine Art Gewerkschaft und traten in dieser Funktion in Verhandlungen mit Arbeitgebern und politischen Autoritäten, gelegentlich auch unter Anwendung von Gewalt oder mit kriminellen Methoden. Politische Forderungen erhoben vor allem Vereine, die von Migranten in Europa gegründet wurden, wie die *Amicale* des Kongolesen Andres Matswa oder l'*Étoile Nord Africaine* des algerischen Sozialisten Messali Hadj.

Räumliche Nähe der Arbeitsplätze und einfache Kommunikationsbedingungen erleichterten die Organisation von Widerstand im Bereich der städtischen Lohnarbeit. Bereits vor der Wende zum 20. Jahrhundert gab es Streiks von Hafenarbeitern und im Transportsektor. Auch Minenarbeiter hatten es leichter als Arbeitskräfte auf Plantagen, gemeinsam gegen Ausbeutung und Unrecht vorzugehen. Auf dem offenen Land, unter Bauern, Viehzüchtern und Handwerkern, dauerte es weit länger, bis die Menschen revoltierten, und erst sehr harte Lebensumstände und brutale Maßnahmen der Regierung veranlassten sie, vom passiven zum aktiven Widerstand überzugehen.

Oft hatten Revolten der städtischen Unterschichten und der ländlichen Bevölkerung einen religiösen Hintergrund. Heilsbewegungen, Sekten und afrikanische Kirchen hatten starken Zulauf aus der Bevölkerung, die Erlösung vom Elend suchte und Unterstützung für einen Widerstand im Diesseits fand. Beispiele für christlich inspirierten Wider-

stand sind die *Watch-Tower*-Bewegung in Katanga (Kongo) und Nordrhodesien oder die Kirche des Simon Kimbangu im Kongo.

In Zentralafrika kam es 1928 unter Bauern zum Ausbruch einer antikolonialen Revolte, die von der Provinz Haut-Sangha in benachbarte Regionen und Kolonien ausstrahlte. Zentrum des Widerstands war Karinu,
ein traditioneller, politisch-religiöser Führer. Er rief die Afrikaner zur
Verweigerung von Steuern und Arbeitspflicht sowie zum Boykott europäischer Waren auf. Auch die Mitglieder der *Hauka*-Bewegung in Niger,
geführt von ihrer Priesterin Chibo, weigerten sich Steuern zu zahlen und
Zwangsarbeit zu leisten. Neben afrikanischen und christlich-religiösen

1893 erklärten die
Franzosen die Elfenbein-
küste zu ihrer Kolonie,
doch konnte der Süden
erst zwischen 1908 und
1915 durch die brutalen
Militärmaßnahmen des
Gouverneurs Gabriel
Angoulvant unter franzö-
sische Kontrolle gebracht
werden. Angoulvant
setzte vor allem auf Ge-
walt, wenn es galt, die
Kontrolle über die einheimische Gesellschaft zu
gewinnen und die vorge-
schriebenen Steuern
abzupressen.

Protestbewegungen wurden auch islamische Sekten politisch aktiv. So gingen in Mali und Niger von der religiösen Bewegung des Sheikh Hamallah größere und längere Unruhen aus.

Während die kolonialen Regierungen mit den »intellektuellen Debattierklubs« recht zivilisiert umgingen, reagierten sie auf Streiks, spontane Proteste und die religiös inspirierten Revolten mit harter Gewalt. Ihre Reaktion spiegelte einerseits den dualen Charakter des kolonialen Systems wieder, andererseits war es eine unmittelbare Konsequenz der Angst in dem Bewusstsein, dass die Macht eines Kolonisators über die Bevölkerung nur auf einer kleinen Zahl von Soldaten und der passiven Haltung der Kolonisierten beruht.

Der Weltkrieg und die enttäuschte Hoffnung auf Unabhängigkeit

Die afrikanische Bevölkerung erlebte den Krieg als Ausnahmesituation, in der sich vieles in Gesellschaft und Wirtschaft beschleunigte (z.B. die Urbanisierung) und die Überlegenheit der Kolonialmächte zerbrach. Der »Götterdämmerung« des Kolonisators, die vor allem den afrikanischen Kriegsteilnehmern augenscheinlich wurde, und dem Machtverlust der traditionellen Autoritäten und der Siedler stand der Aufstieg der westlich sozialisierten Eliten und des afrikanischen Kleinbürgertums gegenüber.

Die wirtschaftliche Situation und die Lebensbedingungen verschlechterten sich durch den Krieg, die Erwartungen in der Bevölkerung hingegen stiegen. Diskriminierung, Rassismus und Ausbeutung wurden deutlicher wahrgenommen. Die Reaktion darauf war unterschiedlich: Rückzug, Anpassung, Widerstand oder Gewalt.

Der nationale Gedanke und die Forderung nach Selbstbestimmung, die sich bei den modernen Eliten als politischer Diskurs, als Bücher und Zeitungsartikel, als Petitionen, Gerichtsverfahren und öffentliche Reden materialisierten (womit diese oft ihre spätere Karriere begründeten), löste bei den (zumeist städtischen) Unterschichten Straßenproteste, Verweigerung, Protestlieder und »sprachlose Gewalt« aus. Besonders enttäuscht waren die Kriegsheimkehrer, denen ihre Offiziere Arbeit und sozialen Aufstieg versprochen hatten, die jedoch von der kolonialen Verwaltung zu Hause als Störenfriede behandelt wurden. So internierten die Franzosen im November 1944 westafrikanische Kriegsheimkehrer in einem Lager nahe Dakar (Thiaroye). Als diese gegen die schlechte Behandlung revoltieren, stürmten Armeeeinheiten das Lager und töteten 35 der unbewaffneten Soldaten.

Wie im Ersten Weltkrieg wurden auch zu Beginn des Zweiten afrikanische Soldaten nach Frankreich verschifft und gegen Deutschland eingesetzt. Viele von ihnen fielen, kamen in deutsche Kriegsgefangenenlager oder wurden in Frankreich interniert. Nach Kriegsende befürchtete Frankreich, die rückkehrenden Soldaten würden aufgrund ihrer Erfahrung in Europa antikoloniale Forderungen erheben und versuchte, sie mit Gewalt zu disziplinieren. Im spätkolonialen System wurden die *anciens combattants* allerdings mehrheitlich brave Stützen der Regierung.

Es kam jedoch nicht nur zu einer Verschärfung der Beziehungen zwischen Kolonisierten und Kolonisatoren, sondern auch unter den Kolonisierten. Die Unterschiede zwischen den sozialen Gruppen und den einzelnen Regionen wurden sichtbarer als vor dem Krieg.

Die Wende: vom Zweiten Weltkrieg zur Unabhängigkeit

Die Kolonialmächte setzten auf die Wiedererrichtung bzw. den Erhalt ihrer kolonialen Imperien im Interesse der wirtschaftlichen und globalpolitischen Rekonstruktion des »Mutterlandes«. Die Vorgaben dafür bestimmten sie allerdings nicht mehr alleine. Mit der gemeinsamen Erklärung von Präsident Roosevelt und Premierminister Churchill vom 14. August 1941, bekannt als *Atlantic Charter*, legten die USA ihre europäischen Partner in einer Reihe von Punkten fest, die für die Kolonialmächte Konsequenzen hatten. Vor allem die Zusicherung von »Souveränität und Selbstregierung für alle jene, denen man sie mit Gewalt entzogen hat« erweckte Hoffnung bei den Kolonisierten – und zugleich Widerspruch bei den Kolonialmächten. Das koloniale Afrika erwartete eine baldige Unabhängigkeit und musste mit Enttäuschung feststellen, dass die Kolonialmächte alles daran setzten, ihre Herrschaft ungebrochen fortzusetzen.

Die Neuordnung der Imperien

Während im *Colonial Office* schon seit Ende der 1930er Jahre Projekte und Pläne für den Commonwealth der Nachkriegszeit verfasst wurden, formulierte Frankreich seine Vorstellungen vom *Empire* auf der Konferenz von Brazzaville Anfang 1944. Wohl hatten beide Kolonialmächte begriffen, dass ihre absolute Autorität im Süden zu Ende war, doch selbst liberale und linke Kreise sahen das Ziel der Nachkriegsentwicklung in der Schaffung imperialer Staatenverbände unter Kontrolle von Paris und London und nicht in einer Unabhängigkeit der afrikanischen Kolonien. Vor allem Frankreich begründete seinen Anspruch darauf, als Weltmacht zu gelten, mit der Wiedererrichtung seines Kolonialreiches.

Italien, aus dem faschistischen Traum vom *Imperio* erweckt, blieb von seinen Eroberungen nur Somalia, als Treuhandgebiet der Vereinten Nationen. Lybien führte die UNO zur Unabhängigkeit Ende 1951 und Eritrea übergab sie dem Nachbarn Äthiopien, der es 1959 seinem Staatsgebiet einverleibte.

Portugal und Spanien ignorierten die weltpolitische Wende und setzten auf die Fortdauer ihrer kolonialen Präsenz. Dafür waren sie bis 1955 durch das Veto der Sowjetunion von der UNO ausgeschlossen. Mit der Umbenennung der Kolonien in Provinzen der Metropole, der Abschaffung der Zwangsarbeit und Bildungsinvestitionen kam es zu einer oberflächlichen Verbesserung. An eine Entkolonisierung dachte keine der beiden »kleinen« Kolonialmächte und auch ihre Philosophie blieb gleich: Das »Mutterland« sah sich als Kulturbringerin in einer unverändert barbarischen Umgebung.

Belgien schließlich setzte auf paternalistische Kontrolle und die Unmündigkeit seiner Kolonisierten. Es versuchte durch sozialpolitische Maßnahmen (»Wohlfahrtskolonialismus«) und den Ausbau des Primar-

schulwesens der Emanzipation der Kongolesen die von ihm gewünschte Richtung zu geben. Die Kolonialverwaltung baute Wohnungen und Freizeiteinrichtungen. 1959 besuchten rund 70 % der Kinder zwischen 6 und 11 Jahren die Grundschule – die Zahl der Sekundarschüler und gar Universitätsstudenten war jedoch immer noch sehr niedrig.

Aus den Mandatsgebieten des Völkerbunds wurden Treuhandgebiete der UNO, für die ein *Trusteeship Council* eingerichtet wurde. Die Politik in den früheren deutschen und italienischen Afrikabesitzungen bestimmten jedoch die Bedürfnisse und unterschiedlichen politischen Richtungen der Großmächte weit mehr als die Wünsche, Petitionen und Lebensbedingungen der Bewohner. Hier spielte bereits unmittelbar nach Ende des Weltkriegs der Konflikt zwischen dem sozialistischen Block und den USA samt ihren Verbündeten eine wichtige Rolle.

Drei Staaten nahmen ihre eigenen, im Rahmen der globalen Verhältnisse, selbstbestimmten Wege: Ägypten, Äthiopien und Südafrika. Ägypten löste sich endgültig aus der Umklammerung durch Großbritannien.

Auch nach der Übernahme des Freistaates Kongo durch den belgischen Staat 1909 zog das Königshaus bedeutende Gewinne aus der Kolonie. Albert I., der seinem Onkel Leopold II. auf dem Thron gefolgt war, bereiste mehrmals den Kongo – hier 1929 mit seiner Frau Elisabeth von Bayern (»Elisabethville«) auf einer Rundreise, die das Königspaar durch alle wirtschaftlich wichtigen Regionen führte.

Der Putsch der *Freien Offiziere* und das Ende der Monarchie 1952 war der erste Schritt, die Machtübernahme durch Abdel Nasser 1956 und die Verstaatlichung des Suezkanals im gleichen Jahr waren die nächsten, die eine jahrhundertelange Fremdherrschaft zu Ende brachten. Trotz seines starken Engagements in der *Bewegung der Blockfreien* gelang es Nasser jedoch nicht, Ägypten eine unabhängige Position zu verschaffen.

Während das Land immer deutlicher in die Abhängigkeit von der UdSSR geriet, wurde Äthiopien unter Haile Selassie zum strategischen Partner der USA. Der äthiopische Kaiser, nach der Niederlage der Italiener von den Briten wieder auf den Thron gesetzt, verstand es aufgrund seiner großen politischen Begabung, Äthiopien (und Eritrea) unter seine uneingeschränkte Gewalt zu bekommen, zugleich aber sich und dem Land einen untadeligen Ruf und hohes internationales Prestige zu verschaffen.

Die Südafrikanische Union, aus der 1961 die Republik Südafrika wurde, verschärfte nach dem Wahlsieg der Nationalpartei 1948 ihre Politik der »getrennten Entwicklung« (*Apartheid*); die weiße Siedlerregierung entzog der »nicht-weißen« Mehrheit schrittweise alle Möglichkeiten, mit politischen Mitteln ihre Rechte zu erlangen und zu verteidigen, und trieb so deren Vertreter – wenn sie nicht wie Nelson Mandela im Gefängnis landeten – in den Untergrund und den bewaffneten Widerstand.

Vom Kolonialismus zum Neokolonialismus
Frankreichs Bemühungen um den Erhalt der Weltmachtgeltung

1944 hatte die Konferenz von Brazzaville die Gründung einer französischen Union beschlossen. Gemäß der Verfassung von 1946 entsandte Afrika Vertreter ins Abgeordnetenhaus und in den Senat, in die Versammlung der *Union Française* und in andere Gremien, die mit Fragen der Überseeterritorien beschäftigt waren. Manche von ihnen übernahmen auch Regierungsfunktionen wie Léopold Senghor aus Senegal oder Félix Houphouët-Boigny.

In den Überseeterritorien wurden Volksvertretungen eingerichtet, die allerdings nur beratende Funktion hatten. Das hatte zur Folge, dass bis zum Ende der Vierten Republik (1958) alle maßgeblichen afrikanischen Politiker in Paris saßen, dort wurde Politik gemacht und Einfluss geschaffen. In den Kolonien wurde sie durchgeführt, denn dort regierten weiterhin der Überseeminister und seine Beamten.

Afrika südlich der Sahara gehörte bis Mitte der 1950er Jahre nicht zu den Problemzonen Frankreichs. Der Wiederaufbau und die Kolonialkriege in Indochina und Nordafrika erforderten alle Anstrengungen. Frankreich brauchte seine afrikanischen Besitzungen, um sich wirtschaftlich zu sanieren und den Status einer Großmacht zumindest zum Schein aufrecht erhalten zu können. Dafür flossen öffentliche und private Gelder in die Kolonien. Im Zentrum der Bemühungen stand der 1946 gegründete *Fonds d'investissement pour le développement économique et social* (FIDES), die Zahl der Franzosen in Afrika stieg auf ein Mehrfaches verglichen mit der Zeit vor dem Weltkrieg.

Die Vertreter Frankreichs ignorierten lange, was Großbritannien als *wind of change* zur Kenntnis zu nehmen bereit war: die durch die internationale Lage, die ökonomische Expansion der USA und den erwachenden Nationalismus in den kolonisierten Gebieten notwendige Entkolonisierung.

Während der Vierten Republik (1946–1958) kam es zu einer schrittweisen Rücknahme der diskriminierenden Kolonialgesetze (Abschaffung der Zwangsarbeit und des »Eingeborenenstatus«) und zur Ausweitung der Rechte für die Bewohner der Kolonien (die Arbeitsgesetze von 1952, das allgemeine Wahlrecht ab 1956). Eine Politisierung der breiten Bevölkerung lag jedoch weder im Interesse der Kolonialverwaltung noch der lokalen Eliten, die die neuen Einrichtungen der Selbstverwaltung für sich vereinnahmten. Politik und politische Macht blieben ein Privileg

Ägyptens Präsident Nasser gehörte gemeinsam mit Indiens Staatschef Pandit Nehru und Josip Broz Tito zu jenen Politikern der Dritten Welt, die 1956 in Bandung die Bewegung der Blockfreien begründeten. Die Kritik dieses dritten Lagers beschleunigte zwar die Entkolonisierung, doch eine »Neue Weltwirtschaftsordnung« gegen die Dominanz der USA und der UdSSR konnten auch die Blockfreien nicht durchsetzen.

113

Parteienbildung
in der französischen Union

»Wahlen«, so schrieb die nigerianische Historikerin Elisabeth Isichei, »haben die Tendenz, Parteien entstehen zu lassen.« Sie bezog dies auf die politische Entwicklung in Nigeria, doch passt der Satz ebenso auf das Geschehen im französischen Kolonialreich nach 1945.

Félix Houphouët-Boigny
(1905–1993) stammte aus einer Pflanzerfamilie, wurde in Dakar als *médecin indigène* ausgebildet, war aber bereits in den 1930er Jahren weit erfolgreicher als Pflanzer, Transportunternehmer und Lokalpolitiker tätig. Unterstützt von einer Organisation einheimischer Kakaopflanzer wurde er 1945 Abgeordneter – das Gesetz zur Abschaffung der Zwangsarbeit trägt seinen Namen – und 1960 erster Präsident der Côte d'Ivoire.

Aus den Personenkomitees der ersten Wahlen wurden Parteien, wobei sich in fast jedem Land ein Politiker als anerkannter nationaler Führer durchsetzte. In der Elfenbeinküste war dies der Plantagenbesitzer und Transportunternehmer Houphouët-Boigny. Seine Partei wurde zur Keimzelle eines Bundes von Parteien aus Französisch West- und Zentralafrika, des RDA (*Rassemblement Démocratique Africain*). Aus pragmatischen Gründen ging der RDA eine Allianz mit den französischen Kommunisten ein, deren Unterstützung zwar anfangs viel zum Erfolg der Gruppe beitrug, dem RDA jedoch die Sympathie der Kolonialregierungen kostete. Houphouët-Boigny trennte sich daraufhin von den Kommunisten und fand im damaligen Überseeminister François Mitterrand einen neuen Partner. Seine Karriere war damit gesichert und unaufhaltsam: Abgeordneter, Minister, Regierungschef und schließlich Präsident der Côte d'Ivoire, ein Amt, das er bis zu seinem Tod 1993 inne hatte.

Einen zweiten politischen Block bildeten mehrere sozialistische Parteien, die jedoch wegen der Bindung an die *Section Française de l'Internationale Ouvrière* nur geringe Erfolge zu verzeichnen hatten. Das Fehlen einer eigenen Afrikapolitik der französischen Sozialisten machte sich hier bemerkbar. Léopold Sedar Senghor trennte sich 1947 von dieser Gruppe und gründete eine eigene Organisation, die zur dominierenden Kraft im Senegal wurde. Er führte darüber hinaus eine Gruppe von Parteien an, die zum RDA in Opposition standen. Senghor trat für eine Beibehaltung der Föderationen AOF (*Afrique Occidentale Française*) und AEF (*Afrique Equatoriale Française*) ein, während Houphouët-Boigny und der RDA die Aufteilung (»Balkanisierung«) befürworteten. ◼

der Städte und der Oberschichten. Die Siedler (*colons*) und die traditionellen Autoritäten (*chefs*) verloren an Einfluss, während sich die Kolonialverwaltung, die internationalen Firmen und die Angehörigen der »neuen Eliten« zu einer gemeinsamen Nutzung der Kolonien zusammenfanden: Damit war die Grundlage für eine neokoloniale Kontrolle Afrikas in der zweiten Hälfte des Jahrhunderts geschaffen.

> »Erinnern wir uns«, schrieb der französische Historiker Charles Robert Ageron 1990 zum Thema »Dekolonisierung aus der Sicht Frankreichs«, »dass **der Begriff ‚Dekolonisierung‘**, eine Übersetzung aus dem Englischen, erst 1952 in die französische Sprache aufgenommen wurde, ebenso wie im Übrigen der Ausdruck ‚Dritte Welt‘, der jedoch im Gegensatz zu Ersterem zehn Jahre brauchte, um sich durchzusetzen.«

Anfang Juni 1958 flüchtete sich das französische Parlament vor einem drohenden Offiziersputsch in die Arme General de Gaulles. Die Verfassung, die sich die Fünfte Republik gab, war ganz auf den Präsidenten ausgerichtet. Extremer Parlamentarismus und daraus resultierende Handlungsunfähigkeit der Regierung, wie sie die Vierte Republik gekennzeichnet hatten, wurden durch eine starke Regierung und ein weitgehend bedeutungsloses Parlament ersetzt.

Dies hatte Folgen für die politische Struktur der Kolonien. Die führenden afrikanischen Politiker zogen sich aus dem Parlament in Paris zurück und übernahmen stattdessen die bis dahin von Stellvertretern besetzten Führungspositionen in den Territorialregierungen. Es war wieder »chic« und notwendig, Politik im eigenen Land zu betreiben, aber die Bindung der Territorien an die Metropole wurde dadurch nicht in Frage gestellt.

Die Machtübernahme durch de Gaulle verschärfte und beschleunigte jedoch die politische Entwicklung in den Kolonien. Aus der Diskussion um das »eine und unteilbare« Frankreich wurde die *Communauté Française* geboren, eine Staatengemeinschaft unter Führung Frankreichs. Obwohl mit Ausnahme Guineas alle Überseeterritorien für dieses Modell stimmten, hatte es kaum zwei Jahre Bestand. Frankreichs Imperium löste sich 1960 auf und die Metropole konzentrierte sich fortan darauf, Leitnation einer frankophonen Staatengruppe zu sein. Keiner von Frankreichs politischen Ziehsöhnen hatte dagegen etwas einzuwenden.

Vom Empire zum Commonwealth:
das Ende der britischen Weltherrschaft

Großbritanniens koloniale Besitzungen in Afrika waren – anders als die französischen – durch jeweils eigene Entwicklung gekennzeichnet. Die Unterschiedlichkeit betraf die Größe – vom Sudan mit über 2,5 Mio. km^2 bis zum kleinsten Staat Afrikas, den Seychellen mit rund 450 km^2 –, die wirtschaftliche sowie die politisch-administrative Charakteristik. Entsprechend den jeweiligen Strukturen, den Strategien und Interessen der lokalen Elite sowie den Konzepten der zuständigen britischen Beamten setzten die Beteiligten Termine und formulierten Verfassungen für die Unabhängigkeit.

Dem Gouverneur und den Beamten standen Einrichtungen mit beratender Funktion zur Seite, der Legislativrat und der Exekutivrat. In diesen Gremien waren, oft schon sehr früh, neben britischen Beamten und Vertretern der Siedler oder Kolonialgesellschaften auch Afrikaner, und in Ostafrika Angehörige der indischen Zuwanderer vertreten. Dazu kamen ab den 1930er Jahren auch noch die *local conncils* der einzelnen Bezirke.

Diese Einrichtungen boten den unterschiedlichen politischen Akteuren der Kolonialzeit die Möglichkeit, am politischen Diskurs in der Kolonie und an der Formulierung der kolonialen Verfassungen teilzuhaben. Die britischen Kolonialbeamten nahmen die Vorwürfe oder Vorschläge der einheimischen Vertreter, meist Angehörige der Oberschicht traditioneller oder moderner Prägung, zur Kenntnis und reagierten darauf.

Nach 1945 kam es in den meisten Kolonien zu einer mehrfachen Anpassung der Verfassungen, wodurch die Zahl der Wahlberechtigten erweitert wurde, der föderalistische oder zentralistische Charakter des Landes stärker hervortrat und der Legislativrat afrikanische Mehrheiten erhielt. Gleichzeitig wurden Afrikaner in den Exekutivrat aufgenommen, der bis dahin vor allem aus Kolonialbeamten bestanden hatte. Einrichtungen traditioneller oder neotraditioneller Art blieben oft erhalten, hatten jedoch sehr unterschiedliche Befugnisse und Aufgaben. Mit der Unabhängigkeit wurde aus den Gremien der traditionellen Herrscher (*Chiefs und Paramount Chiefs*) zumeist eine zweite Kammer der Volksvertretung, analog zum Oberhaus in London.

Die britische Regierung und meist auch die lokale koloniale Verwaltung versuchten, Konflikte zu vermeiden oder deren Ursachen zu analysieren und ein politisches Modell zu konstruieren, das alle Beteiligten wenn schon nicht befriedigte, so doch zumindest ruhig stellte.

In den meisten britischen Kolonien verlief die Machtübergabe an einheimische Akteure reibungslos und der britischen Weltsicht entsprechend distinguiert. Problematisch wurde es allerdings in den Siedlerkolonien Kenya und Südrhodesien.

Die rhodesischen Siedler rissen die Regierung an sich und zögerten die Unabhängigkeit bis 1980 hinaus: Auf ihre einseitige Unabhängigkeitserklärung antworteten die nationalen Gruppierungen mit einem siebenjährigen Guerillakrieg, der etwa 25 000 Menschen das Leben kostete. Ebenso heftig, aber kürzer, war die Auseinandersetzung in Kenya, wo sich die Frustration der Bevölkerung Zentral-Kenyas angesichts rassischer Diskriminierung, Ausbeutung von Arbeitskraft und Enteignung von Land in einer Revolte entlud. *MauMau* wurde in Europa in den 1950er Jahren – im deutschen Sprachraum weit stärker als der Algerienkrieg – zu dem bestimmenden Ereignis des Afrikabildes.

Trotz des Ausnahmezustands und der gewaltsamen Auseinandersetzungen durchlief auch Kenya einen Prozess der einvernehmlichen Entkolonisierung mit der Formulierung von Verfassungen und der Festlegung der wirtschaftlichen und politischen Bedingungen für die Unabhängigkeit in bilateralen Verhandlungen.

Die schnellste Entwicklung zur Unabhängigkeit vollzog in Afrika südlich der Sahara die Goldküste, die sich mit Erlangung der vollen Souveränität 1957 Ghana nannte. Hier setzten sich in Wahlen und Verhandlungen Kwame Nkrumah und seine *Convention Peoples Party* durch, getragen von einer kleinbürgerlichen Mittelschicht, die die Unterstützung der Arbeiter und frustrierter Aufsteiger nützten und die *Chiefs* sowie die bürgerlichen Parteien immer stärker aus der Politik drängten.

> Der niederländische Soziologe Robert Buitenhuijs schrieb 1967: »Beinah alles, was über den **MauMau-Aufstand** geschrieben wurde, gehört eher in die Mythologie als in die Geschichtsschreibung. Man kann zwei entgegengesetzte Mythen unterscheiden: Zwischen Oktober 1952, dem offiziellen Beginn der MauMau-Revolte, und Dezember 1963, dem Zeitpunkt der Unabhängigkeit Kenyas, hatten die Kolonialregierung und die Siedler ein Informationsmonopol. Sie profitierten davon und setzten sich mit ihrer Darstellung der MauMau-Bewegung durch – ein Bild, das in Europa immer noch lebendig ist. Man kann diesen europäischen Mythos in einem Satz zusammenfassen: 'Der MauMau-Aufstand ist eine kollektive Geisteskrankheit, die nichts mit rationellen politischen Ideen und realen wirtschaftlichen Forderungen zu tun hat'. [...] Unter den afrikanischen Nationalisten ging es hingegen darum, sich zu rechtfertigen. Die MauMau-Bewegung wird allgemein als ein Befreiungskrieg, genauer, als Offensive der kenyanischen Avantgarde (nämlich der Kikuyu), präsentiert.«

117

Die Unabhängigkeiten

Innerhalb weniger Jahre – in etwa die Zeit zwischen 1956 und 1968 – wurde die Mehrzahl der afrikanischen Territorien unabhängig. Die Diskussion um die Bedeutung und den Charakter dieses Prozesses hat viele Facetten: Eine davon ist die Frage nach der korrekten Formulierung. Wir finden in der Literatur je nach Einstellung der Autoren so unterschiedliche Ausdrücke wie »unabhängig machen«, »Unabhängigkeit geben«,

Kwame Nkrumah (1909–1972) besuchte das Achimota College und setzte mit Unterstützung von Verwandten und christlichen Organisationen sein Studium in den USA fort. Theologie, Philosophie, Ökonomie und Politikwissenschaft – seine Ausbildung war breit. Die politische Karriere begann mit der Teilnahme am 5. Panafrikanischen Kongress in Manchester und der Veröffentlichung seiner Streitschrift *Towards Colonial Freedom* 1946. Mit der Gründung der *Convention Peoples Party*, unterstützt von den Gewerkschaften und der jungen Bevölkerung in den Städten, übernahm Nkrumah die politische Führung des Landes und wurde 1957 der erste Präsident Ghanas. Seine zunehmend autoritäre Politik, vor allem aber die wirtschaftlichen Misserfolge führten 1965 zu seinem Sturz.

118

»in die Unabhängigkeit entlassen«, »die Unabhängigkeit ausrufen«, »die Unabhängigkeit erklären«, »die Unabhängigkeit erkämpfen«, etc. Die unterschiedlichen Formulierungen bezeichnen nicht nur unterschiedliche Vorgänge, sie signalisieren auch sehr verschiedene Einstellungen zu ein und demselben Prozess.

Aus weltwirtschaftlicher und weltpolitischer Sicht waren die Unabhängigkeiten nach dem Zweiten Weltkrieg eine Notwendigkeit. Aus nationalistischer Sicht war die Emanzipation der Eliten so weit gediehen, dass sie eine maßgebliche Beteiligung an der Macht forderten und zur Unterstützung auch einen Teil der Bevölkerung mobilisieren konnten.

Aus der Sicht der breiten Bevölkerung war Kolonialismus ein unterschiedlich erlebtes Faktum: Unabhängigkeit war noch am ehesten der Gegenpol zu den negativen Erlebnissen im Kolonialismus, man hoffte, sich der schlechten Dinge entledigen zu können und die guten behalten zu können.

Für die Masse der einfachen Leute war »Unabhängigkeit« ein unverständlicher Begriff, der oft in Französisch, Englisch oder Portugiesisch benannt wurde, und dann für die breite Masse, die keine Kenntnisse in diesen Sprachen hatte, alles oder gar nichts bedeutete.

Einige Nationen mussten jedoch bis in die 1990er Jahren für ihre Unabhängigkeit kämpfen; erst mit dem Ende des Apartheidregimes in Südafrika kam der Prozess der afrikanischen Unabhängigkeiten zu einem (vorläufigen?) Ende.

Der afrikanische Raum besteht seither völkerrechtlich gesehen aus 54 souveränen Staaten und mehreren abhängigen Territorien. Zu letzteren gehören La Réunion und Mayotte (Frankreich), St. Helena (Großbritannien) sowie die Kanarischen Inseln und die beiden Enklaven Ceuta und Melilla (Spanien).

Äthiopien und Liberia (1847 gegründet) hatten die koloniale Periode in einer Art Unabhängigkeit überdauert. In Nordafrika trennten sich Marokko und Tunesien nach kurzem, bewaffnetem Kampf 1956 von Frankreich; Lybien und Ägypten waren zu dieser Zeit bereits unabhängig.

> In seiner Rede während der **Unabhängigkeitszeremonie des Kongo** sagte der neue Regierungschef Patrice Lumumba: »Wir haben Verachtung, Beschimpfung und Prügel erfahren, am Morgen, zu Mittag und abends, denn wir waren 'Schwarze'. Wir werden niemals vergessen, dass der Schwarze geduzt wurde, nicht weil er ein Freund war, sondern weil die Ehre eines 'Sie' den Weißen vorbehalten war. [...] Wir haben erfahren, dass das Gesetz für den weißen Mann niemals das gleiche war wie für den schwarzen; willfährig war es dem einen, für die anderen war es grausam und unmenschlich. [...] wir haben mit dem Herzen und dem Körper unter der kolonialen Unterdrückung gelitten, aber wir sagen es Ihnen mit lauter Stimme, damit ist für alle Zeiten Schluss.«

Die »Schlacht um Algier« brachte zwischen Januar und September 1957 eine Serie von Bombenanschlägen an Orten, die besonders von Franzosen frequentiert wurden. Die französischen Fallschirmjäger unter General Massu und Lynchtrupps der *pieds noirs* reagierten darauf mit brutalen Übergriffen auf die algerische Bevölkerung. Folter und Brutalität gegen Zivilisten wurden zur Routine; immer mehr Menschen verschwanden, wurden verhaftet, zu Tode gequält, hingerichtet.

Algerien musste sich in einem siebenjährigen, blutigen Krieg die Unabhängigkeit (1962) erstreiten.

Inzwischen waren Ghana (die frühere Goldküste) und der Sudan (1957), Guinea (1958) und 1960 alle Teilstaaten der west- und zentralafrikanischen Föderation Frankreichs unabhängig geworden: Mauretanien, Senegal, Mali (als französische Kolonie hieß es noch Soudan), Obervolta (seit 1984 Burkina Faso), Niger, Dahomey (seit 1975 Benin), die Mandatsgebiete Togo und Kamerun sowie Tschad, Gabun, Kongo-Brazzaville und die Zentralafrikanische Republik. Belgien verließ im gleichen Jahr – geradezu fluchtartig – den Kongo (von 1971–1997 Zaire). 1960 war auch das Jahr der Unabhängigkeit für Nigeria, Somalia (als Zusammenschluss der italienischen Kolonie und des britischen Somaliland) und Madagaskar. 1961 folgten Sierra Leone und Tanganyika, das sich 1964 mit Zanzibar zu Tanzania vereinigte. 1962 erweiterten Rwanda, Burundi und Uganda die Gruppe der neuen Staaten Afrikas und 1963, dem Jahr der Gründung der *Organisation der Afrikanischen Einheit* in Addis Abeba, kamen Kenya und Zambia dazu. Mit Malawi (1964), Gam-

bia (1965), Lesotho und Botswana (1966), Swaziland (1967) sowie Äquatorialguinea und Mauritius (1968) endete die erste Unabhängigkeitsperiode.

1975 erreichten die portugiesischen Überseebesitzungen, meist nach
langem Unabhängigkeitskampf, ihre Selbständigkeit: Angola, Moçambique, Guinea-Bissau, São Tomé e Príncipe und die Kapverdischen Inseln.
Im gleichen Jahr trennten sich die Komoren von Frankreich, doch zogen
nur drei der vier Inseln mit, und Nzwani (Anjouan) kann sich bis heute
nicht ganz mit dem neuen Staat identifizieren. Zum bis heute ungelösten
Problem wurde die West-Sahara, aus der sich Spanien nach dem Tod General Francos 1975 zurückzog.

Der kleinste Staat Afrikas, die Seychellen, wurde 1976 unabhängig; so
blieben die Problemfälle, deren Schicksal durch aufwendige internationale Verhandlungen bestimmt wurde. Aus Rhodesien wurde 1980 Zimbabwe und aus Südwestafrika 1990 Namibia. Eritrea löste sich 1993 von
Äthiopien und schließlich gab Mitte der 1990er Jahre die weiße Minder-
heitsregierung in Südafrika ihren Widerstand gegen eine Demokratisierung des Landes auf.

1993 einigte sich die Mehrparteienkonferenz in Südafrika auf eine Übergangsverfassung und demokratische Neuwahlen. Im Dezember nahm eine Übergangsregierung aus Vertretern der meisten Parteien ihre Tätigkeit auf und Ende April 1994 wählten über 23 Millionen Südafrikaner ohne Diskriminierung, in unerwarteter Ruhe und kontrolliert von einem großen Aufgebot internationaler Wahlbeobachter ein neues Parlament und zugleich Abgeordnete in die Volksvertretungen der 9 Provinzen. Der ANC gewann mit 62,6 % deutlich.

Die Unabhängigkeiten und die dritte Kolonisierung Afrikas

Die Unabhängigkeiten, die Jahre rund um 1960, waren eine Zeit des Aufbruchs und der großen Erwartungen. Nach der nationalen Souveränität würden, so war die Hoffnung, die neuen Staaten Afrikas bald auch andere wichtige Ziele erreichen: Demokratie, internationale Gleichberechtigung sowie soziale und materielle Entwicklung. Die Erwartungen erfüllten sich jedoch nicht.

Oben: Belgien und auch die USA konnten es nicht ertragen, dass Patrice Lumumba die Erfahrung der Kolonisierten auf direkte Weise ansprach. Aus ihrer Sicht galt er als Kommunist und gefährdete mit seinen Reden die neue Afrikapolitik des Westens. »Letztendlich« wurde er am 17. Januar in Elisabethville 1961 ermordet.

Enttäuschte Hoffnung: die gesellschaftliche Entwicklung der neuen Staaten Afrikas bis in die 1980er Jahre

Die Bevölkerung erhoffte sich eine Beteiligung an den wichtigen Entscheidungen im Land, die Elite sah sich als mitbestimmender Akteur in der internationalen Politik, und ein rascher Prozess der nachholenden Entwicklung sollte Afrikas Gesellschaften und Ökonomien die Jahrzehnte der kolonialen Entbehrungen überwinden helfen.

Politische Konzepte

Obschon der politische Diskurs in den einzelnen Staaten recht unterschiedlich war, gab es doch Argumente, die sehr häufig vorkamen. Die Befürworter einer »Afrikanischen Einheit« wiesen darauf hin, dass für die Bevölkerung des Kontinents die kolonialen Grenzen ohnehin keine Realität geworden waren, oder definierten, wie die Vertreter der Négritude, ganz Afrika als eine kulturelle Einheit,

Links: Im Januar 1960 einigten sich kongolesische und belgische Vertreter auf den 30.6.1960 als Tag der Unabhängigkeit.

Die neuen Staaten Afrikas und das Weltsystem

Der Wiederaufbau nach dem Zweiten Weltkrieg in den Industriestaaten hatte (zumindest im Westen) Ende der 1950er Jahre den Übergang zum »Wirtschaftswunder« geschafft. Die Wirtschaft expandierte kräftig bis in die 1970er Jahre, auch wenn die erste Energiekrise dem System eine kleine Nachdenkpause bescherte. Die Industriestaaten warben Arbeitskräfte aus den armen Ländern an, importierten Rohstoffe und bauten in Handel, Finanzwesen und Information ihre globalen Netzwerke aus.

Wie in der ersten Hälfte des 20. Jahrhunderts setzten die Industriestaaten auch in der zweiten auf die Unterstützung ihrer Kolonien, für die nun allerdings neue Namen Verwendung fanden wie »unterentwickelte Staaten«, »Entwicklungsländer« oder »Dritte Welt«. Da alle diese Begriffe letztendlich etwas Abwertendes mit sich tragen, werden die beiden ungleichen Teile dieser Welt heute oft mit »Norden« und »Süden« benannt (ohne dass dadurch der Blick von oben eine Veränderung erführe).

Die neuen Staaten Afrikas hatten zwar die nationale Souveränität errungen, verfügten jedoch nicht über die sozialen und wirtschaftlichen Grundlagen für eine selbstbestimmte Entwicklung. Sie waren in vielerlei Hinsicht künstliche und problematische Gebilde: Die Grenzen zerschnitten wirtschaftliche, soziale und kulturelle Räume, die Infrastruktur war nicht auf die eigene Versorgung, sondern auf den Export ausgerichtet, und die politische Führung konnte ihrer Bevölkerung keine andere Identität bieten als die, die sich aus der Kolonisierung ergab.

Gegen das schwierige koloniale Erbe betonten sowohl die scheidenden Kolonialmächte wie die neuen Regierungen die Unantastbarkeit der politischen Grenzen. Die koloniale Tradition war aber nicht nur in dieser Hinsicht wichtig: Die neuen Staaten übernahmen die administrativen Einrichtungen, Straf- und Zivilrecht, das Schul- und Gesundheitswesen, die Organisation von Eisenbahn, Post und Kommunikation, und zum Teil auch koloniale Beamte und Fachkräfte. Während gewisse Oberflächlichkeiten dieses Erbes bis in die Gegenwart erhalten blieben, wie die Perücken der Richterschaft oder die tägliche Fahnenzeremonie zu Beginn des Schulunterrichts, passten die Regierungen Verfassung, Wahlsystem, Polizei und Streitkräfte rasch den eigenen Vorstellungen von der Ausübung der Macht an.

Die neuen Staaten übernahmen aus ihrer Kolonialzeit Verpflichtungen, wie die Rückzahlung von Krediten, und schlossen mit der Unabhängigkeit neue Verträge mit der ehemaligen Metropole. Die scheidenden Kolonialmächte sicherten sich die Unterstützung der früheren Kolonien in der internationalen Politik; sie konn-

ten aufgrund politischer und militärischer Beistandsverpflichtung in innere Auseinandersetzungen eingreifen und ihnen mehr oder minder genehme Präsidenten in den kolonialen Nachfolgestaaten absichern oder entfernen.

Die Aufteilung der Welt in zwei Lager – kapitalistischer Westen, sozialistischer Osten – ermöglichte den »Entwicklungsstaaten« im Süden, die beiden Supermächte gegeneinander auszuspielen. Ihre eigenen Strategien durchsetzen, so sie überhaupt welche verfolgten, konnten sie dennoch nicht.

Die globalen Verhältnisse wurden durch den Norden bestimmt und verhinderten, dass aus der politischen Unabhängigkeit eine wahrhaftige wurde. Der »Süden« durfte zwar mitreden, aber kaum mitbestimmen. Afrika wurde in der zweiten Hälfte des 20. Jahrhunderts zum Kontinent der heftigsten Interventionen von Industriestaaten. Hier wurden nicht nur die Konflikte des Kalten Krieges virulent, sondern auch die Gegensätze zwischen den Großmächten eines Lagers, wie zwischen den USA und Frankreich oder der UdSSR und China. Der Periode der kolonialen Fremdbestimmung folgte so die neokoloniale Fremdbestimmung durch wirtschaftliche Abhängigkeit und globalpolitische Regulierung. Schließlich kam es in den letzten beiden Dekaden des 20. Jahrhunderts neuerlich zu direkten Eingriffen in die Politik und Wirtschaft der neuen Staaten: die »dritte Kolonisierung«. ■

Die Vereinten Nationen und hier insbesondere die Vollversammlung, der Sicherheitsrat sowie jene Einrichtungen, die sich mit Entkolonisierung und Entwicklung befassen, waren und sind seit der Gründung der Organisation die wichtigste internationale Bühne für die Anliegen der neuen Staaten des Südens. Leider folgt den Resolutionen der Organisation sehr oft eine nur unvollständige Umsetzung.

Die Bedeutung Afrikas im internationalen Kontext

Die »positive Neutralität« galt als Voraussetzung für Afrikas globale politische Rolle. Kenneth Kaunda, der erste Präsident Zambias, schrieb in diesem Zusammenhang: »Ich glaube, dass Afrika eine einmalige Chance hat, Weltpolitik zu machen, solange es sich nur von den großen Machtblöcken distanziert. [...] sowohl im Osten wie im Westen werden die Menschen von ihrem Besitz versklavt. Nur in Afrika finde ich eine vernünftige Einstellung.«

geprägt durch Solidarität und Emotionalität.

Die Unabhängigkeit wurde als Voraussetzung für Mittel zur Erneuerung der Gesellschaft gesehen. Was ihren Charakter betraf, waren die Ansichten unterschiedlich. Ghanas Staatschef Kwame Nkrumah ging von einer sofortigen und totalen Trennung von der Metropole aus. Andere afrikanische Politiker (vor allem in ankophonen Staaten) plädierten für eine graduelle Loslösung und bilaterale Zusammenarbeit.

Die Wirkungskraft des Begriffs »Afrikanischer Sozialismus« war in den jungen Staaten so groß, dass sich auch Staaten seiner bedienten, die einen kapitalistischen Weg verfolgten wie Kenya oder Côte d'Ivoire. Daneben gab es eine große Bandbreite mehr oder minder utopischer Weltentwürfe, die von ihren Urhebern sehr unterschiedlich umgesetzt wurden. Am weitesten ging dabei Präsident Nyerere in Tanzania, dessen *Ujamaa* (ein Begriff aus dem Swahili, der für »Verwandtschaft«, »gesellschaftliche Vernetzung« steht) die gesellschaftliche und wirtschaftliche Entwicklung des Landes über gut 20 Jahre prägte.

Mit der Herausbildung autoritärer Strukturen trat das Argument von der »besonderen Natur der afrikanischen

Makonde-Schnitzereien aus Südafrika. Ursprünglich ein »Lebensbaum«, wurde von den in Tanzania lebenden und arbeitenden Schnitzern der Makonde als Sinnbild des tanzanischen Sozialismus, »Ujamaa«, gedeutet.

Demokratie« in den Vordergrund. Politiker und Wissenschaftler rechtfertigten Einparteien-systeme mit der afrikanischen Dialogkultur (das sogenannte Palaver), die eine Beteiligung des Volkes garantieren würde. Gegen Mehrpar-teiensysteme wurden auch die hohen Kosten und die Gefahr einer Tribalisierung der Politik ins Feld geführt. Langzeitdiktatoren verwiesen zudem in ihrem eigenen Interesse auf die »afrikanische Tradition des Chefs auf Lebenszeit«.

Der Personenkult war wohl kein Element des ideologischen Diskurses, wohl aber ein Merkmal der gelebten Realität. Schon die Unabhängig-werdung war eng mit einzelnen Personen (»Väter der Unabhängigkeit«) verknüpft und der Aufbau der neuen Nationen hatte den Symbolismus, die Mythen und eben den Personenkult als wesentliche Kompo-nenten.

Symbole der afrikanischen Tradition und der körperlichen Stärke sowie münd-lich tradierte Gründungsmythen spielten in einer Gesellschaft, in der große Teile der Bevölkerung Anal-phabeten waren, eine bedeutende Rolle.

Die Unabhängigkeit, der Staat und die »kleinen Leute«

Vor der Unabhängigkeit hatten die »großen Leute« den »kleinen« Einiges versprochen: der Gouverneur eine reibungslose Übergabe der Macht, der Bischof eine Afrikanisierung der Kirche, der zukünftige Staatschef eine glorreiche Zukunft des Landes, die Minister den Stadtleuten Arbeits-plätze, Wohnungen und die Verbilligung der Grundnahrungsmittel, den Bauern eine Landreform und höhere Preise für ihre Produkte, den Frauen eine Wasserleitung im Dorf, den Jugendlichen eine Schule; die neuen Ab-geordneten, Bürgermeister und Stadträte schließlich hatten versprochen,

Als Staatschef in Togo von 1967 bis zum Tod 2005, ließ Eyadema Mit-te der 1970er Jahre in Sarakawa (Region Kara) für sich ein Denkmal errichten. Anlass war, dass Eyadema den Absturz/den Abschuss seines Flugzeugs an die-ser Stelle überlebt hatte.

was in ihrer Macht zu stehen schien: eine Straße, ein Volksheim, die Absetzung eines despotische Dorfchefs.

»Doch was brachten die Unabhängigkeiten für Fama? Nur den nationalen Personalausweis und das Mitgliedsbuch der Einheitspartei.« So beschrieb Ahmadou Kourouma das Ergebnis aus den politischen Veränderungen für die tragikomische Hauptfigur seines Romans »Die Sonnen der Unabhängigkeiten«.

Die »kleinen Leute« erwarteten Belohnung für die Unterstützung, die sie den nationalen Politikern im Unabhängigkeitskampf gegeben hatten und Entschädigung für die Belastungen und Mühen der Kolonialzeit. Die Bessergestellten forderten den Standard, den ihnen die »kleinen Weißen«

Unter Afrikas Hauptstädten ist Nairobi am ehesten als globale Metropole zu bezeichnen. Es ist Sitz von UN-Organisationen, Schnittpunkt internationaler Verkehrs- und Kommunikationslinien und zahlreiche multinationale Unternehmen haben dort ihre geschäftlichen Zentren für Afrika und den Indischen Ozean. Das moderne, reiche Nairobi, das Zentrum mit breiten Boulevards und Hochhäusern, die abgeriegelten Wohnghettos der Reichen, auf der einen – die von hunderttausenden Menschen bewohnten *slums* auf der anderen Seite prägen den zwiespältigen Charakter einer Metropole des Südens.

in der Kolonialzeit vorgelebt hatten: ein eigenes Haus mit Dienstboten, ein Auto und gute Schulen für ihre Kinder.

Die Hoffnungen wurden enttäuscht, die Ungleichheiten nicht aufgehoben. Einige Politiker wurden reich, einige Kaufleute reicher und die neue Elite bezog die Villen in den guten Gegenden – oder vermietete sie für teures Geld an ausländische Diplomaten und Entwicklungshelfer. Die meisten derer, die die Kolonialregierung von Grund und Boden vertrieben hatte, warteten vergeblich auf eine Rückgabe. Die Angehörigen der Armee und die Milizen der Einheitsparteien erledigten die Geschäfte der Mächtigen und zogen ihren Vorteil daraus. Für die Bevölkerung gab es keine Umverteilung, sie trug die Kosten und zahlte für die steigende

Korruption. Die kleine Mittelschicht versuchte, sich so gut es ging zu halten, hatte jedoch weder den politischen noch den wirtschaftlichen Einfluss, den es für einen gesellschaftlichen Ausgleich gebraucht hätte.

Die kolonialen Untertanen hatten immer Schwierigkeiten beim Zugang zum Staat und seinen Einrichtungen: Es gab Sprachprobleme, Schikanen, Unverständnis für die Situation auf Seiten der Betroffenen und Auskosten der Macht auf Seiten der Agenten des Staates. Nach der Unabhängigkeit wurde die Verwaltung zwar afrikanisiert, aber nicht unbedingt bürgernäher. Vor allem dort, wo Angestellte aus anderen Teilen des Landes, aus anderen ethnischen Gruppen eingesetzt wurden, behielten diese neuen Beamten oft koloniale Verhaltensweisen bei. Wo die neue Regierung die Staatsangestellten in ihrer Herkunftsregion beließ, waren die Beamten dem Druck und der Anforderungen ihrer Familien bzw. Herkunftsgruppen ausgeliefert. Wer sich nicht korrumpieren ließ oder den »Familienrücksichten« widerstand, musste mit sozialen Sanktionen rechnen. Für die einfachen Leute ohne besondere Beziehungen blieben die Errungenschaften der Moderne weiterhin außer Reichweite

Schule und Bildung

Die Regierungen der unabhängigen Staaten versprachen in ihren Programmen die Grundschulbildung für alle, zumeist auch gratis. Was die mittleren und höheren Schulen betraf, war man bereits vorsichtiger; hier gab es sehr durchlässige Systeme und anderseits Länder, in denen – nach dem Vorbild der sozialistischen Staaten – nur eine begrenzte Zahl von Jugendlichen zur Weiterbildung zugelassen wurde.

Die Erwartungen vom gesellschaftlichen Aufstieg durch Bildung erfüllten sich nur für wenige. Wer es sich leisten konnte, schickte seine Kinder auf Privatschulen oder ins Ausland; die Kinder der kleinen Leute mussten mit überfüllten Klassen, unzureichenden Lehrmitteln und unfähigen Lehrern vorliebnehmen – eine Folge aus der Vernachlässigung des Bildungssektors in der Kolonialzeit. Immerhin garantierte das System noch bis zur Wirtschaftskrise Ende der 1970er Jahre einen breiten Zugang zur Grundschulbildung.

Religionsgemeinschaften und Solidaritätsgruppen der Entwicklungszusammenarbeit engagierten sich für den Ausbau des Schulwesens, mussten allerdings immer wieder feststellen, dass die lokalen Einkommensverhältnisse und die mangelnde oder auch behindernde Aktivität

Die Gamatui Secondary School im Osten Ugandas ist eine Internatschule für Mädchen und wird aus Mitteln der Entwicklungszusammenarbeit aus Südtirol unterstützt. Viele Tagesschulen werden von Eltern-Initiativen ins Leben gerufen, jedoch sind Mädchen weiterhin vom Bildungsweg ausgeschlossen und benachteiligt. Schulwege bergen Gefahren der Entführung und Vergewaltigung, im Haushalt müssen die Mädchen hart arbeiten und finden keine Zeit zum Studium.

des Staates den nachhaltigen Ausbau der Bildungseinrichtungen sehr erschwerten.

War der Zugang zum Bildungswesen in der Kolonialzeit höchst selektiv und zufällig gewesen, wurde er in der Zeit der Unabhängigkeiten ungerecht. In Ländern mit einer sozialistischen Ausrichtung der Politik waren Partei, Verwaltung und staatliche Unternehmen verantwortlich für die Selektion – in kapitalistischen Staaten das Einkommen der Eltern. Fast überall gab der Staat Stipendien, nahm sich dafür aber das Recht heraus, die Studierenden oft gewaltsam zu disziplinieren.

Bildung war für die einfachen Leute ein wertvolles Gut. Wem immer es gelang, ein Diplom zu erlangen, erhoffte sich einen Arbeitsplatz in Verwaltung, Politik oder Wirtschaft. Vor allem die Absolventen der Grundschule stellten jedoch bald fest, dass ihre Hoffnungen – und die ihrer Verwandten, die sie in die Schule geschickt hatten – nicht erfüllt wurden. Die Zahl der jugendlichen Arbeitslosen in den Städten wuchs seit dem Ende der 1960er Jahre rasch an – und damit ein gefährliches Potential an Unzufriedenen.

Schließlich gab es jene, die nur eine eingeschränkte oder gar keine Chance hatten, eine Schule zu besuchen: Mädchen, Menschen in peripheren Regionen, Angehörige von Gruppen, die in Opposition oder Distanz zur regierenden Klasse standen sowie Behinderte.

Arbeit und Urbanisierung

Die spätkoloniale Entwicklung hatte nicht nur eine privilegierte Gruppe von Beschäftigten in formalen Arbeitsverhältnissen hervorgebracht, sondern auch genau formulierte gesetzliche Rahmenbedingungen. Neben den formalen Arbeitsverhältnissen gab es ebenso informelle Arbeit im Dienstleistungsbereich, als Tagelöhner in der Landwirtschaft oder als geringfügig Beschäftigte in Transport, Handel oder Gewerbe.

Die Zahl der Arbeitsplätze nahm in den ersten 20 Jahren der Unabhängigkeit zu, vor allem in der staatlichen Verwaltung und bei verstaatlichten Unternehmen. Die Bevölkerung der Städte wuchs allerdings viel rascher als die Zahl der Arbeitsplätze. So blieben immer mehr Menschen ohne Arbeit und begannen Beschäftigung im informellen Sektor zu suchen oder lebten von illegalen Tätigkeiten.

Die unabhängigen Staaten begannen bald die Arbeitsgesetze zu unterlaufen oder aufzuheben. Die Regierung verbot Streiks, hielt die Grundlöhne niedrig und vernachlässigte Qualifikationsstandards.

»Polite notice: no dumping please« (»Bitte keinen Müll ablagern«) bleibt angesichts der fehlenden Infrastruktur für Nairobis größter Slumsiedlung wirkungslos. Von den ca. 3 Mio. Bewohnern Nairobis leben etwa 60 % in Slums. In Kibera allein wohnen zwischen 600 000 und 1,2 Mio. Menschen. Seit November 2009 versuchen 12 Jugendliche, ausgerüstet mit GPS, in Zusammenarbeit mit der Organisation OpenStreetMaps die nach Soweto (Südafrika) zweitgrößte Slumsiedlung Afrikas kartografisch zu erfassen.

Der **kenyanische Autor Thomas Akare** beschreibt in seinem Roman *Slums* die Lage städtischer Armer: »Sie haben ein gespaltenes Verhältnis zu Arbeit. Einerseits muss sie jeder anstreben, um aus den Slums herauszukommen, andererseits ist die Bereitschaft hart zu arbeiten, jede Arbeit anzunehmen, bei vielen Bewohnern der Slums nicht mehr vorhanden. Sie haben sich an eine prekäre Existenz gewöhnt, schaffen keine Reserven, sondern verbrauchen sofort, was sie verdienen. Sie investieren nicht, weder in die eigene Person, noch in ihre Kinder. Die Angehörigen der herrschenden Klasse würden diese Menschen am liebsten dorthin abschieben, wo die Kolonialverwaltung sie hergeholt hatte. Doch die »Slumer« haben keine Heimatzuständigkeit mehr, es sei denn im Gefängnis oder in den Slums, die eine fleißige Stadtverwaltung niederzureißen sucht, die über Nacht jedoch wieder nachwachsen.«

Ihre Wirtschaftspolitik begünstigte einseitig bestimmte Sektoren und Unternehmen. Lohnstopp und Inflation entwerteten die Einkommen der Bevölkerung: In Kinshasa, der Hauptstadt von Zaire, stiegen die Löhne in der Privatwirtschaft zwischen 1960 und 1980 um knapp das Zwanzigfache; Lebensmittel auf dem Markt kosteten nach diesen 20 Jahren jedoch rund 470-mal so viel. Um unter solchen Bedingungen mit Familie auszukommen, brauchte es Verwandte auf dem Land, die die Städter mit Lebensmitteln unterstützen und Teile der Familie bei sich aufnehmen konnten, vor allem aber waren immer mehr Menschen auf das Einkommen aus Frauen- und Kinderarbeit angewiesen. Das erleichterte die Ausbeutung der Arbeitnehmer durch den Arbeitgeber, unterbezahlte Tätigkeiten nahmen zu; Arbeit, nicht zuletzt von Kindern, wurde immer öfter unter Bedingungen der Sklaverei verrichtet.

Obwohl das Leben in den Städten schwierig und hart war, wuchsen die Ballungszentren. Je stärker sich die Großstädte modernisierten, desto deutlicher wurde der Unterschied zwischen den Zentren mit Hochhäusern und breiten Boulevards, und den armen Randbezirken.

Mauretaniens Hauptstadt Nouakchott hatte 1962 ca. 5 800 Einwohner und eine Infrastruktur für 20 000; im Jahr 2000 lebten über 600 000 Menschen in der Hauptstadt, ohne dass die Infrastruktur entsprechend ausgebaut worden wäre. Noch schwieriger wurde es in Megastädten wie Lagos (12 bis 15 Mio. Einwohner) oder Kairo (17 Mio.).

Rechts:
Das Schmieden einer Haue zum Umbrechen des Bodens, Werkstatt des Kambou in Wasselao, Region Kara, Togo. Bis in rezente Zeit bearbeiteten die Schmiede der Kabiye das Eisen mit traditionellen Werkzeugen und Methoden. Ihre Produkte waren den importierten nicht nur ebenbürtig, sondern an Haltbarkeit und technologischer Angepasstheit weit überlegen.

Die ländliche Bevölkerung

Die Menschen auf dem Land hatten es keineswegs einfacher. Sie verstanden wenig von der neuen Politik, erlebten ein ständiges Steigen der Preise, aber nur bescheidene oder gar keine Zuwächse, wenn sie ihre Produkte verkauften. Um den Lebensunterhalt der Familie zu sichern und ihre Steuern an den Staat zu bezahlen, mussten sie immer mehr *cash crop* produzieren; dazu brauchte es mehr und billige Arbeitskraft, die die Familie zu liefern hatte, und mehr Boden, der jedoch meist bereits von anderen vereinnahmt worden war.

Wie die Landwirtschaft und Viehzucht kam auch das ländliche Gewerbe mit der Öffnung des Marktes für billige Importgüter unter Druck; Schmiede, Weber oder Töpfer konnten ihre Produkte immer schwerer auf dem lokalen Markt absetzen, alte Technologien in Gewerbe und Hausbau gerieten in Vergessenheit und der ländliche Handel wurde vollends in die Geldwirtschaft einbezogen.

Der Staat vernachlässigte die Infrastruktur oder baute sie regional sehr ungleich aus. Eine Modernisierung der landwirtschaftlichen Produktion konnten sich nur wenige leisten. Für viele der ländlichen Produzenten, von den *fellahin* in Ägypten bis zu den einfachen Bauern und Viehzüchtern in Botswana, führte Modernisierung zu Verschuldung, zum Verlust von Boden sowie zu Verarmung und Entwurzelung. Dazu kamen Missernten wegen Dürre oder Überschwemmungen, steigende Ausgaben für Bildung und Gesundheit, Korruption, und immer wieder auch gewaltsame Wegnahme bäuerlicher Produkte durch Armee und Parteimilizen.

Rebellierten die Bauern, schlug sie der Staat brutal nieder, wie im Juli 1968 in Mali

Werteverfall des täglich Brot: In Niger musste ein Bauer 1952 24 kg pro Jahr geschälte Erdnüsse verkaufen, um die Steuer für ein Person zu bezahlen; 1963 waren es 40 kg und 1970 entsprach die Steuer dem Wert von 70 kg. Während die Landbevölkerung verarmte und ihre Felder verkaufte, bildete sich eine besitzende Klasse, die Land oder große Herden erwarben und zu Agrarunternehmern wurden. Neu erschlossene Anbaugebiete mit künstlicher Bewässerung dienten in erser Linie der Produktion von *cash crops*. Während auf der einen Seite Zwiebel und Tomaten für die Konservenindustrie und Baumwolle in beträchtlichem Umfang produziert wurden, ging auf der anderen Seite die Produktion der Hirse, dem »täglichen Brot« der Bevölkerung, aufgrund verringerter Anbauflächen und der klimatischen Verschlechterung in der Sahelzone zurück.

Tunesiens Landreform

Tunesiens Wirtschaftspolitik nahm 1961 eine Wende, als Ahmed Ben Salah eine neue, staatssozialistische Politik durchsetzte. An der Spitze eines Superministeriums begann der frühere Gewerkschaftsführer gegen den bürgerlichen Flügel in der Regierungspartei und mit finanzieller Unterstützung westlicher Staaten, die Wirtschaft nach sozialistischem Vorbild zu reformieren. So wurden bis 1969 auf nahezu einer Million Hektar Genossenschaften eingerichtet. Das Land dafür stammte aus der Nationalisierung von Gemeindeeigentum oder aus dem Besitz europäischer Siedler und tunesischer Großgrundbesitzer. Der Zehnjahresplan sah darüber hinaus die Zusammenfassung der landwirtschaftlichen Kleinbetriebe zu Einheiten von mindestens 500 Hektar vor.

Tunesien war einst die Kornkammer des Alten Rom. Heute exportiert das Land Getreide, Olivenöl, Datteln, Zitrusfrüchte und auch immer noch Wein. Knapp ein Viertel der Bevölkerung lebt von der Landwirtschaft, doch verlassen immer mehr Menschen die harte Arbeit in den Dörfern und versuchen, in Industrie und Tourismus Arbeit zu finden.

Nur gesichert durch die Zustimmung des gesundheitlich angeschlagenen Präsidenten und unter starkem Druck der Gegner aus dem bürgerlichen Lager, zogen die Reformer die Kollektivierung des Landes überhastet durch. Es kam zu Produktionsrückgang und Protesten, der Widerstand der zwangskollektivierten Kleinbauern wurde mit Gewalt unterdrückt. Präsident Bourguiba sah sich gezwungen, die Kollektivierungsmaßnahmen rückgängig zu machen.

Ben Salah, seiner Posten enthoben, wurde angeklagt und 1970 zu zehn Jahren Zwangsarbeit verurteilt. Von seiner Landreform profitierten letztendlich jene, die im Verlauf der Reform ihren Grundbesitz verteidigt und erweitert sowie die Agrarproduktion durch Mechanisierung profitabler gemacht hatten. Sie nützten die Liberalisierung, die mit der Expansion des Tourismus und der Auslagerung von Industrieproduktion nach Tunesien einherging und investierten in Transport, Bauwirtschaft und Tourismus.

Auf der Strecke blieben die kleinen Bauern, die etwa 450 000 Familien mit weniger als 7 ha Boden, die die Kosten für das missglückte Experiment zu tragen hatten. Viele unter ihnen verließen das Land und vergrößerten das Heer der billigen Arbeitskräfte im modernen gewerblichen und industriellen Sektor. ∎

(der Aufstand der Bauern von Ouolossebougou) oder Anfang der 1970er Jahre in Madagaskar. Widerstand gab es auch gegen Maßnahmen der Kollektivierung, die (meist zu Recht) als Enteignung verstanden wurden.

So scheiterte Ahmed Ben Salahs sozialistisches Experiment in Tunesien ebenso wie *Ujamaa vijijini*, das ambitionierte Projekt eines afrikanischen Sozialismus in Tanzania. Marokko, Botswana, Kenya und Côte d'Ivoire, dem kapitalistischen Wirtschaftsweg·verpflichtet, boten ihrerseits den Beweis dafür, dass ein staatlich geregelter Markt für Agrarflächen nur die Reichen begünstigte.

Die Wende zum totalitären Staat: die Veränderungen bis in die 1980er Jahre

Das koloniale Erbe

Die neuen Staaten wiesen politische und administrative Institutionen und Strukturen auf, die koloniales Erbe mit neuen Einrichtungen nach dem Modell Großbritanniens, Frankreichs oder der USA verbanden. Die kolonialen Verfassungen waren in den Unabhängigkeitsverhandlungen den Wünschen der Partner angepasst worden. In den meisten Fällen lief dies auf eine Konzentration der Macht in den Händen weniger hinaus.

Das rasch übergestülpte demokratische Gerüst mit Gewaltentrennung, unabhängiger Justiz und Parteienpluralität hatte kein Fundament, weder in Form einer politischen Bildung der Bevölkerung noch hinsichtlich der Bereitschaft der Eliten, diesem neuen Staat zu dienen. Als Folge daraus funktionierte bereits vor Ende der kolonialen Zeit das Mehrparteiensystem nur noch in wenigen Ländern.

Die meisten afrikanischen Staaten optierten zudem gegen Parlamentarismus und für ein Präsidialsystem. Auf gleiche Weise setzte sich der Zentralismus gegen den Föderalismus durch. In den Regionen, die sich vom Föderalismus mehr Mitsprache oder Macht erhofft hatten, wuchsen Bitterkeit und Bereitschaft zu Opposition und Revolte. Da der Zentralstaat und sein Präsident aber nicht nur die politischen und wirtschaftlichen, sondern auch die militärischen Mittel zur Kontrolle der Untertanen hatte, blieb das Aufbegehren zumeist in seinen Anfängen stecken.

Es war zweifellos schwierig, Staaten zu regieren, die außer einer kolonialen Grenze, einer übernommenen Verwaltungsstruktur und einer nur der Elite vertrauten Staatssprache – die meisten neuen Staaten behielten die Sprache des Kolonisators als Amtssprache bei – nichts gemeinsam hatten. Nationenbildung hatte nur in einem negativen Sinn, als Antikolonialismus, stattgefunden und dieser verlor mit der Unabhängigkeit schlagartig seine Bedeutung. Hervor trat eine starke kulturelle und wirtschaftliche Verschiedenheit, die die Gesellschaft in kleine Einheiten zerfallen ließ, wie es etwa die Parteienbildung und der Bürgerkrieg im Kongo zeigten, oder mit Gewalt unterdrückt wurde. So gewannen einzelne Regionen die Vorherrschaft über den Staat und nützten die nationalen Ressourcen im Interesse der jeweils eigenen Gruppe. Das galt in Kenya für die Clans der Kikuyu um Jomo Kenyatta ebenso wie für den arabischen Norden im Sudan.

Alles in allem wurden in den neuen Staaten verschiedene destabilisierende Faktoren wirksam, denen die nationalen Regierungen schwächer als die koloniale Verwaltung entgegen treten konnten, weil sie über weniger Macht, vor allem aber über eine nur eingeschränkte Kontrolle der Wirtschaft verfügten. Anstatt politische Legitimation und Hegemonie durch Verhandeln mit den unterschiedlichen nationalen Gruppen zu erwerben, setzten die neuen Machthaber auf beeindruckende Reden, Massenveranstaltungen und Militärparaden.

Ebenso effizient war die Bildung von Klientelen und die Übertragung politischer Ämter auf einflussreiche Personen. Die Mittel des Staates dienten zunehmend der Sicherung der Macht einer kleinen herrschenden Elite.

Staat, Bürokratie und Zivilgesellschaft

Zu Beginn der Unabhängigkeit war es populär, sich auf die vorkolonialen Traditionen zu berufen. Die alten Ideale blieben jedoch wirkungslos; der neue Staat fiel seiner herrschenden Klasse anheim, die parasitär von der Kontrolle seiner Ressourcen lebte. Für sie war der Staat das geeignete Instrument zur Befriedigung der eigenen Interessen. Für das Volk bedeutete die Begegnung mit dem Staat und seinen Agenten hingegen Gehorsam, Unterwerfung und Anpassung.

Damit hatte sich gegenüber der Kolonialzeit wenig geändert und wieder drückte die Bevölkerung ihre Ablehnung des Staates durch Rückzug und Verweigerung aus, es kam zu örtlichen Revolten, individueller Gewalt gegen Beamte oder Funktionäre der Regierungspartei, Aufruhr und Plünderung in Städten und spontanen Arbeitskämpfen unter Missachtung der staatlich kontrollierten Gewerkschaften. Frustration und Angst wurde aber auch durch Übertragung in andere soziale Bereiche abgearbeitet: Religiosität (vor allem in kleinen Gemeinschaften, »afrikanische Kirchen«), Drogenkonsum, Gewalt gegen die unmittelbare soziale Umgebung (Familie) und Kriminalität.

Der Staat reagierte nur, wenn die Interessen der ihn kontrollierenden Elite infrage gestellt wurden. Er hatte dazu zwei Mittel – Gewalt oder Entwicklung. Gewalt wurde direkt oder indirekt, mittels Ideologisierung, Medien und Erziehungseinrichtungen, ausgeübt. Wirtschaftliche und soziale Entwicklung folgte einerseits den verschiedenen nationalen Entwicklungsplänen, deren Umsetzung jedoch oft hinter der Planung zurückstand, andererseits fand sie ihre Realisierung in Zusammenarbeit mit internationalen Entwicklungsagenturen oder Organisationen der westlichen Zivilgesellschaft. Wer von den Entwicklungsmaßnahmen und -geldern bzw. von humanitärer Hilfe in Krisenzeiten profitierte, bestimmte die Regierung. Sie belohnte die »Braven« und bestrafte die »Bösen«.

Die Bürokratie erwies sich beim Übergang vom kolonialen zum unabhängigen Staat als das System mit der höchsten Kontinuität. Sie gab sich politisch neutral, war aber dem jeweiligen Zentrum der Macht verpflichtet. Ihre Expansion in den ersten 15 Jahren der Unabhängigkeit ging einher mit einer steigenden Belastung des Staatshaushaltes, der Zentralisierung der Entscheidungen in der Hauptstadt, und abnehmender

Militärparaden, wie hier in Ghana anlässlich des Jahrestags der Unabhängigkeit, sind nicht nur ein wesentlicher Bestandteil öffentlicher Inszenierungen. Sie sind auch eine Demonstration der Macht gegenüber der breiten Bevölkerung und dienen der Aufwertung der teilnehmenden Armeeangehörigen. Gerade in Ghana, wo es seit 1965 einen steten Wechsel von Militärregimen und demokratisch gewählten Regierungen gab, hat die Armee immer wieder ihre Funktion als übergeordnete moralische Instanz herausgestrichen.

137

In Äthiopien setzte die Regierung Mengistu **Hungerhilfe als politisches Werkzeug** zur Erreichung ihrer Ziele ein. Durch die Verhinderung von Lebensmittellieferungen sollten aufständische Regionen wieder unter Kontrolle von Addis Abeba gebracht werden. Dawit Giorgis, ab 1983 Leiter der staatlichen Kommission für Katastrophenhilfe, zitiert in seinem Buch *Red tears: war, famine and revolution in Ethiopia* den Staatschef, der seine Aufgabe folgendermaßen beschreibt: »Du musst dir bewusst sein, dass du Mitglied des Zentralkomitees bist. Deine erste Verantwortung ist, für die Erreichung unserer politischen Ziele zu arbeiten. Lass dich nicht von diesen kleinen menschlichen Problemen ablenken, die es in Übergangsperioden immer gibt. Es gab jahrelang Hunger in Äthiopien, bevor wir die Macht übernahmen – das war die Art und Weise, wie die Natur das Gleichgewicht sicherte.«

Kompetenz bei der Durchführung ihrer Aufgaben. In Dahomey/Benin stieg die Zahl der Staatsbediensteten von 7 820 im Jahr der Unabhängigkeit auf 23 800 im Jahr 1975. Über 70 % des Budgets verbrauchte die Regierung dann für die Bezahlung ihrer Angestellten. Damit erkauften sich die Politiker die Zurückhaltung der kritischen Masse unter der Bevölkerung.

Jene Staaten, die auf eine starke Bürokratie setzten, gaben wenig Geld für die Armee aus. Ein krasses Beispiel lieferte Guinea unter Sékou Touré, wo der Beamten- und Parteiapparat auf Kosten der Bevölkerung eine privilegierte Existenz hatte, die Armee aber sehr knapp gehalten wurde. Im Zaire Mobutus teilten sich Administration, Partei und Armee die Beute von der Ausplünderung der Bevölkerung, wobei die staatliche Verwaltung am schlechtesten dastand.

Mit dem Scheitern des Staates – Rückgang der Wirtschaftsleistung, Verschuldung und Versagen der Verwaltung – entstanden neue Initiativen in der Zivilgesellschaft. Die regierende Elite hatte allerdings wenig Verständnis für diese Zivilgesellschaft, die sie infrage stellen konnte und wollte. Sie verbot ihre Organisationen, bekämpfte sie mit legalen Mitteln oder Gewalt, und bestach sie mit Geld und Ämtern.

Die Verwandlung

Innerhalb weniger Jahre hatten die Verantwortlichen die Kolonien durch Verfassungen, Wahlen und Unabhängigkeitskonferenzen sehr oberflächlich in eine Demokratie verwandelt. Keineswegs überraschend streifte »der Staat« nach der Unabhängigkeit die Demokratie ohne Wurzeln wieder ab. Es entstanden autoritäre Präsidialregime oder Oligarchien, Einparteienstaaten und Militärdiktaturen.

Das Volk war zu unerfahren, die Zivilgesellschaft zu schwach, um sich gegen diese Verwandlung zu wehren. Die Industriestaaten des

Nordens und die Unternehmen, die in den neuen Staaten Investitionen zu schützen hatten, waren durchaus bereit mit autoritären Regierungen zusammenzuarbeiten, garantierten diese doch die billige Arbeitskraft wie die ausreichende Anlieferung agrarischer Exportgüter und waren

berechenbare Partner. Viele der jungen Staaten bekannten sich zur Planwirtschaft, und auch diese funktionierte in autoritären Staaten besser – so sahen es zumindest die verantwortlichen Politiker im Norden wie im Süden.

Die Verwandlung begann mit der demokratischen Übernahme der Regierungsgewalt durch eine politische Fraktion. Einmal gewonnen, stellte die regierende Partei diese Macht nicht wieder zur Wahl, sondern sicherte sie durch Gesetze, Reform der Institutionen, Bestechung und nackte Gewalt ab. Die Beseitigung politischer Gegner durch Exil, Kerker und Mord oder ihre Beförderung auf unbedeutende, aber gut bezahlte Posten führte zur Auflösung der Oppositionsparteien oder zu ihrem Aufgehen in der Regierungspartei.

Wo die Regierenden mit indirekten Mitteln keinen Erfolg hatten, verboten sie Parteien und Gewerkschaften. Sie begründeten diesen Schritt mit wirklichen oder erfundenen Umsturzversuchen, beschuldigten die

Je mehr der autoritäre Staat seinen Bürgern die Beteiligung an der Politik des Landes verwehrte, desto stärker wandte sich die Bevölkerung vom Staat ab. Alkohol, Musik und Tanz, rasch wechselnde Partnerbeziehungen bestimmten vor allem in den Städten das Leben und nur noch eine Minderheit interessierte sich für die Politik. Erst in den 1990er Jahren wurden die Kunst, die Medien und das Alltagsleben wieder stärker politisch durchsetzt.

Julius K. Nyerere mit seiner Frau Maria: »Uhuru na Umoja«, »Freiheit und Einigkeit« ist auf dem Wappen des Landes zu lesen. Beide sind auch die zentralen Begriffe in der Nationalhymne Tanzanias.

Opposition, gegen die »Einheit der Nation« zu sein oder warfen ihr vor, der wirtschaftlichen Entwicklung zu schaden.

War die organisierte Opposition beseitigt, so konnten der Staatschef und die ihn umgebende »Familie der Macht« nur noch von zwei Seiten infrage gestellt werden: von Dissidenten und verdeckten Gegnern im eigenen Lager oder von der spontanen Opposition der städtischen Armen, der Intellektuellen, religiösen Sekten und ländlichen Notgemeinschaften. Die Einheitspartei wurde, weit häufiger als die staatliche Verwaltung, zum zentralen Werkzeug der autoritären Politik. Schenkte man der Darstellung der politischen Führung Glauben, dann kontrollierte das Volk durch die Partei die Zentralmacht – in Wirklichkeit war es umgekehrt. Dazu entstanden Klientelen auf tribaler Basis. Die Bevölkerung, die ihre Rechte und Möglichkeiten nicht kannte bzw. nicht durchsetzen konnte, suchte auf dem Weg über einflussreiche Personen des Systems, ihre Ansprüche geltend zu machen.

Der Staatschef

Der koloniale Staat war dem Charakter nach ein autoritärer Staat gewesen. Die »Väter der Unabhängigkeit« hatten sich daher an den Umgang mit autoritärer Führung und Kontrolle gewöhnt und nahmen diese Erfahrung mit in die eigene Regierungstätigkeit. Zepter, Leopardenfellmütze oder Cut und Zylinder, Autokolonnen flankiert von Polizei als

Begleitschutz in gesperrten Straßenzügen, Auftreten von oben begleitet von Jubelchören – solche äußeren Zeichen der Individualisierung und Konzentration von Macht waren von ebensolcher Signifikanz wie das Verbot von Parteien, die Manipulation der Medien, das Eingreifen in Gerichtsverfahren und die Überwachung bzw. Einschüchterung der Bevölkerung durch Geheimdienste und Parteimilizen.

Für die politischen Akteure wurde dieses Verhalten ebenso zur Normalität wie für die afrikanische Öffentlichkeit, mehr noch, ein Politiker, der sich in der einen oder anderen Art »untypisch« verhielt, wie Houari Boumedienne (der »Mönch-Soldat«), Julius Nyerere (der »Lehrer«) oder Léopold Sédar Senghor (der »Dichter«) galten geradezu als Ausnahme, bei den eigenen Leuten ebenso wie im internationalen Kontext.

Zentrum des autoritären Staates war (und ist) der Staatschef und eine kleine Gruppe von Menschen, die seine unmittelbare Umgebung bildet. Die Staatschefs der 1950er und frühen 60er Jahre zeigten sich in der Regel als »Väter der Unabhängigkeit«; sie forderten das Vertrauen der Bürger nicht wegen ihrer Politik, sondern wegen ihrer Selbst. Zu ihrer Legitimation beriefen sie sich auf Gott und die Tradition, und nicht zuletzt auf ihre eigenen Versprechen, von denen sie behaupteten, nur sie selbst könnten und würden sie einlösen.

Innerhalb kurzer Zeit wurden aus den Vätern absolute Herrscher und aus dem Wir ein Ich. An die Stelle des Wohlfahrtsstaats trat der Entwicklungsstaat; statt einer Befriedigung der Bedürfnisse bot er das Versprechen auf Bedürfnisbefriedigung und statt Unabhängigkeit die Möglichkeit, zwischen der Abhängigkeit von einem oder vom anderen Weltmachtblock zu wählen. Über die Verteilung von Ressourcen und Ämtern kontrollierte der Staatschef die politische und wirtschaftliche Elite des Landes; der Verlust der »Gnade« und damit eines Amtes war gleichbedeutend mit hohen Einkommenseinbußen, und ein verringertes Einkommen war wieder gleichbedeutend mit weniger Macht.

Demokratische Kontinuität und frühe Redemokratisierung

Nicht alle Staaten wurden zu autoritären Staaten. Das Weiterbestehen eines Mehrparteiensystems und demokratische Wahlen waren jedoch lange die Ausnahme auf dem Kontinent. Die wichtigste Bedingung für eine Kontinuität demokratischer Strukturen scheint darin zu bestehen, dass alternative Verhandlungsräume – etwa in Form traditioneller

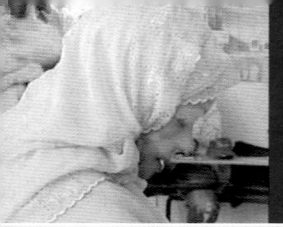

Republik Senegal

Die Wahlen vom März 1959 sicherten der *Fortschrittsunion* unter Führung von Léopold S. Senghor alle Sitze in der Nationalversammlung. 1960 übertrug das Parlament Senghor das Amt des Präsidenten und bis 1978 wählte ihn das Volk in direkter Wahl viermal wieder.

Sein Machtkampf mit Regierungschef Mahmadou Dia endete 1962 mit dessen Verurteilung zu lebenslänglicher Haftstrafe. Erst 1974 wurde Dia amnestiert.

Eine neue Verfassung übertrug dem Präsidenten auch die Aufgabe des Regierungschefs und die Wahlordnung sprach der mit Mehrheit gewählten Partei alle Mandate zu. Die *Fortschrittsunion* war damit de facto die einzig zugelassene Partei im Lande. Die Politiker der Opposition wechselten zur Regierungspartei oder gingen ins Exil und die regierungskritischen Kräfte wurden auf die Straße verwiesen, Protest kam vor allem von Schülern und Studenten sowie von den Gewerkschaften.

1968/69 wurde Senegals Hauptstadt Dakar durch heftige Studentenunruhen erschüttert. Die Proteste richteten sich gegen die starke Präsenz Frankreichs, aber auch gegen hohe Lebenshaltungskosten und unzureichende Löhne.

Die Gewerkschaften drohten mit einem Generalstreik, die Regierung beantwortete dies mit deren Auflösung und einer Neugründung als Parteiorganisation, Verhandlungen wurden aufgenommen. Die Arbeitnehmer erreichten eine 15 %ige Erhöhung des Grundlohns, Preiskontrollen bei Nahrungsmitteln, Übernahme von Sozialleistungen durch die Unternehmer und das Versprechen einer Senegalisierung der Unternehmen. Mit einer Beteiligung an den Ämtern in Staat und Partei in fixem Umfang (10 %) erkaufte sich Senghor die Unterstützung seiner Politik durch die Gewerkschaft.

Den Widerstand der Intellektuellen entschärfte (und unterlief) der Staatschef durch eine Umbildung der Regierung. Seine neue politische Mannschaft bestand aus jungen Technokraten, die ihr Wissen und Können einbrachten, hinter denen aber keine politischen Seilschaften standen. Der erfolgreichste unter ihnen, Abdou Diouf, wurde 1981 Senghors Nachfolger im Präsidentenamt.

Mit der Beruhigung der politischen Szene und einer Besserung der wirtschaftlichen Lage Mitte der 1970er Jahre begann die demokratische Öffnung. Der Rechtsanwalt Abdoulaye Wade gründete 1974 seine *Demokratische Partei*. Weitere Parteien folgten und 1976 führte das Parlament ein Drei-Parteiensystem ein.

Die erneute Verschlechterung der wirtschaftlichen Lage Ende der 1970er Jahre zwang Senegals Regierung 1980 zur Annahme eines Strukturanpassungsprogramms der Weltbank. Senghor gab seinen Entschluss bekannt, zurückzutreten. Sein Nachfolger Abdou Diouf galt als konzilianter Verhandler und ihm gelang es, den Widerstand in der Zivilgesellschaft, der nicht zuletzt durch die Strukturanpassungsmaßnahmen ausgelöst worden war, zu besänftigen.

1981 fiel die Beschränkung der zugelassenen Parteien und bei den Wahlen vom Februar 1983 bewarben sich 14 politische Organisationen um die Stimmen der Wähler (und Wählerinnen). Als einzige hatte die *Demokratische Partei* mit A. Wade eine Chance, die Regierungspartei zu gefährden. Der regierende Präsident und seine Partei schafften es allerdings noch bis zum Jahr 2000 an der Macht zu bleiben. Die Zeit bis dahin war von anfangs sehr heftigen Konflikten geprägt, denn die Opposition hatte die Möglichkeit zum Wahlbetrug festgestellt. 1988 reagierte die junge Stadtbevölkerung auf den »Wahlschwindel« mit Gewalt. Die Unruhen wurden von den Sicherheitskräften niedergeschlagen, doch die Proteste gingen weiter. Aus den – staatlich geförderten – Jugendklubs und Freizeiteinrichtungen war eine kritische Bewegung erwachsen, die sich gegen den Staat und für eine »saubere Gesellschaft« einsetzte. Bedenklich wurde diese Entwicklung, als die Jugendlichen jenseits der Auseinandersetzung mit dem Staat Angriffe auf soziale Randgruppen setzten. Ihren negativen Höhepunkt fand die Bewegung im Pogrom gegen maurische Mitbürger 1989. Das Ereignis war ein heilsamer Schock für Regierung wie Opposition.

Wohl waren auch noch die Wahlen der 1990er Jahre von Protesten und Auseinandersetzungen begleitet, doch wurde die politische Diskussion sachlicher und die Politiker wurden verhandlungsbereiter. Bei der Präsidentenwahl Ende Februar 2000 trat A. Wade zum fünften Mal gegen einen regierenden Präsidenten an, unterstützt von einer breiten Koalition der Opposition – inzwischen gab es über 50 zugelassene Parteien – und siegte deutlich. Abdou Diouf, der 19 Jahre das Land regiert hatte, räumte ohne Zögern den Platz, zog sich nach Frankreich zurück und wurde Generalsekretär der *Organisation der Frankophonie*. ■

Wahllokal im Senegal
Die Präsidentenwahlen im Februar 2007 brachten dem amtierenden Staatschef A. Wade den Sieg mit knapp 56 % der abgegebenen Stimmen.

Einrichtungen oder zivilgesellschaftlicher Organisationen – bestehen, und dass das Land eine überschaubare Größe hat. Bis in die 1990er Jahre galten Botswana, Gambia und Mauritius als Beispiele einer »demokratischen Kontinuität«. In Gambia setzten die Armee und die USA allerdings 1994 dieser Demokratie ein Ende. Die beiden anderen Staaten stellen bis heute erfolgreiche Ausnahmen im politischen Szenario des afrikanischen Kontinents dar. Beide haben deutlich weniger als 2 Mio. Einwohner, sind wirtschaftlich erfolgreich – Botswana aufgrund der Diamantenproduktion und Mauritius wegen einer gelungenen Strategie der Diversifizierung (Tourismus, Zuckerproduktion und Güterproduktion für den Export). Sie haben eine Elite, die bereit und imstande ist, Herrschaft mit politischen Mitteln zu gestalten und wurden nicht oder kaum in großräumige politische Konflikte einbezogen.

Eine zweite Gruppe von Staaten kehrte bereits vor der großen »Welle der Demokratie«, also vor der durch die USA und ihre Vorfeldorganisationen heftig beworbenen Demokratisierung in den 1990er Jahren, zu einer staatlichen Organisation mit Mehrparteiensystem zurück. Diese »Redemokratisierung« änderte allerdings nichts an den bestehenden Machtverhältnissen. Nur im Senegal hatte die Einführung eines Mehrparteiensystems einen Wahlsieg der Opposition und einen Regierungswechsel zur Folge, doch das erst nach längerer Zeit. In den beiden nordafrikanische Staaten Tunesien und Ägypten blieben die Langzeitherrscher Ben Ali und Hosni Mubarak an der Macht. Bei jeder Wahl stellt sich für Betroffene wie Beobachter allerdings erneut die Frage, wie fair diese Wahlen ablaufen.

Vier weitere Staaten zeigen, auf eine ganz andere Weise, eine deutliche Sonderentwicklung hinsichtlich Parteienpluralität und der Kontrolle der Macht: Das sind auf der einen Seite die beiden Monarchien Marokko und Swaziland, auf der anderen die beiden »Apartheidstaaten« Liberia und Südafrika. In allen vier Fällen gab es zwar Mehrparteiensysteme, die politische Macht lag jedoch nahezu uneingeschränkt bei den Monarchen und ihrem Hof, bzw. bei einer gewählten politischen Vertretung, die nur eine Minderheit der Bevölkerung repräsentierte. Liberia und Südafrika haben inzwischen die Entwicklung hin zu einem echten Mehrparteiensystem vollzogen und in Marokko ist seit dem Tod Hassan II. und der Übernahme der Herrschaft durch Mohammed VI. eine deutliche demokratische Öffnung im Gang; in Swaziland hingegen wurde den Parteien durch die Verfassung die politische Arbeit unmöglich gemacht.

Wirtschaftliche Abhängigkeit: das neokoloniale Afrika

Die wirtschaftlichen Grundlagen der neuen Staaten Afrikas

Trotz der Größe des Kontinents, der unterschiedlichen Lage und Ressourcen, wiesen die verschiedenen afrikanischen Wirtschaftsräume aufgrund ihrer Einbindung in den Welthandel (ins »Weltsystem«) Ähn-

lichkeiten auf: Sie waren auf den Export von Rohstoffen ausgerichtet, den Exportsektor dominierte ein Produkt oder ganz wenige Produkte, es gab kaum Industrie und jene Betriebe, die während des Weltkrieges zwecks Ersatzproduktion entstanden waren (wie zum Beispiel die Textilindustrie Senegals), hielten der wirtschaftlichen Öffnung der Nachkriegszeit selten stand; Handel, Bergbau sowie gewerbliche Produktion und Dienstleistung wurden durch fremdes Kapital dominiert.

Der Handel und die Infrastruktur der Kolonien waren nach Übersee orientiert, den innerafrikanischen Handel nahmen der »moderne Sektor« und seine Wirtschaftsstatistik nur eingeschränkt wahr. Nur wenige Staaten versorgten auch einen umliegenden Markt, darunter vor allem die Republik Südafrika, aber auch Kenya oder Senegal.

Die Unabhängigkeiten um 1960 kamen am Ende einer Phase der wirtschaftlichen Prosperität. Aufgrund des beginnenden Abschwungs gingen die Staatseinnahmen zurück, gerade als die neuen Staaten einen hohen Bedarf an Mitteln für wirtschaftliche und soziale Entwicklung,

Durch die Auflösung der Ostafrikanischen Gemeinschaft 1977 gewann Tanzania gegenüber Kenya wirtschaftlich an Bedeutung. Auch nahm der Transport von und ins Inneren des Kontinents zu. Der Bau einer Eisenbahn von Dar es Salaam nach Zambia durch die VR China und der Ausbau der Fernstraßen machte den Hafen von Dar es Salaam zu einem wichtigen Umschlagplatz für die Binnenstaaten.

145

aber auch für die Befriedigung der Forderungen einflussreicher einheimischer Gruppen hatten. Die wirtschaftliche Rezession und der Geldbedarf des Staates trieben die Regierungen des unabhängigen Afrika in die Arme der Banken und Gebern von Wirtschaftshilfe aus dem Norden. Immer wieder riskierten die Regierungen auch gewagte Investitionen oder fielen auf unseriöse Angebote von Spekulanten herein.

Im Vergleich zu den politischen Systemen, wo das Ererbte oder Aufgezwungene sofort und gründlich umgestaltet wurde, blieb in der Wirtschaft fast alles beim Alten; wo es zu Veränderungen kam, nützten diese einer kleinen Gruppe von Unternehmern und verschlechterten die wirtschaftliche Lage der breiten Bevölkerung.

Staat, Markt und Weltwirtschaft

In den 1950er und 60er Jahren hielten Experten wie Politiker Entwicklung und Wohlfahrtsstaat sowie das regelnde Eingreifen des Staates in eine von Wiederaufbau und rascher Expansion geprägten Wirtschaft für das richtige Konzept. Dazu kam für die neuen Staaten Afrikas das Vorbild der Planwirtschaft in den sozialistischen Ländern.

Die Entwicklungsplaner, von den Experten der UNO und der Weltbank bis zu den nationalen Fachleuten, erwarteten, dass die »unterentwickelten Gesellschaften« aus der Produktion und dem Export von Rohstoffen ein überdurchschnittliches Wirtschaftswachstum erzielen würden; hinreichendes Wachstum, davon waren die Beteiligten überzeugt, würde genug abwerfen, um Armut und Rückständigkeit der Bevölkerung zu beseitigen.

Für die 1960er Jahre, die erste Entwicklungsdekade der UNO, nahmen die Planer ein Wachstum von durchschnittlich 5 % an, für die 1970er Jahre von 6 %. Angesichts der starken Zunahme der Bevölkerung – in manchen Staaten (wie Kenya) gab es Steigerungsraten von über 4 % –, sinkender Investitionen, wirtschaftlicher Fehlentscheidungen und Kapitalflucht musste allerdings bereits das Halten des wirtschaftlichen Niveaus der späten 1950er Jahre als Erfolg gelten. So lag das Wirtschaftswachstum zwischen 1960 und 1975 nur wenig über dem Bevölkerungszuwachs, und in der zweiten Hälfte der 1970er Jahre blieb es dahinter zurück. Die Exporte verringerten sich, während die Importe stiegen – das Gegenteil dessen, was die Wirtschaftsplaner vorausgesagt hatten. Das Handelsbilanzdefizit der nicht-erdölexportierenden Staaten stieg von 200 Mio. US-$

(1960) auf 6,3 Mrd. US-$ im Jahr 1975. Die Erdölstaaten wiesen zwar einen Bilanzgewinn auf, doch das verhinderte nicht, dass die meisten dieser Länder Ende der 1970er Jahre hohe Geldabflüsse und Schulden hatten.

Der Anteil der Landwirtschaft am Bruttonationalprodukt ging in dieser Periode von 41,3 % auf 30,3 % zurück, während etwa der Bergbau, aber auch das Bauwesen und der Verkehr zulegten. Der private Konsum schrumpfte, die Ausgaben des Staates nahmen zu. Statt zu wachsen und Afrika einen wichtigen Platz in der Weltwirtschaft zu verschaffen, gerieten die nationalen Ökonomien immer mehr in die Krise und Afrikas Bedeutung im Weltsystem nahm in den beiden ersten Entwicklungsdekaden ab.

Hatten Afrikas Ökonomien 1960 einen Anteil von 5 %–6 % am Welthandel, war dieser 1985 (die Erdölproduktion ausgenommen) auf 4 % gesunken; 2005 schließlich betrug er nur noch 2 %.

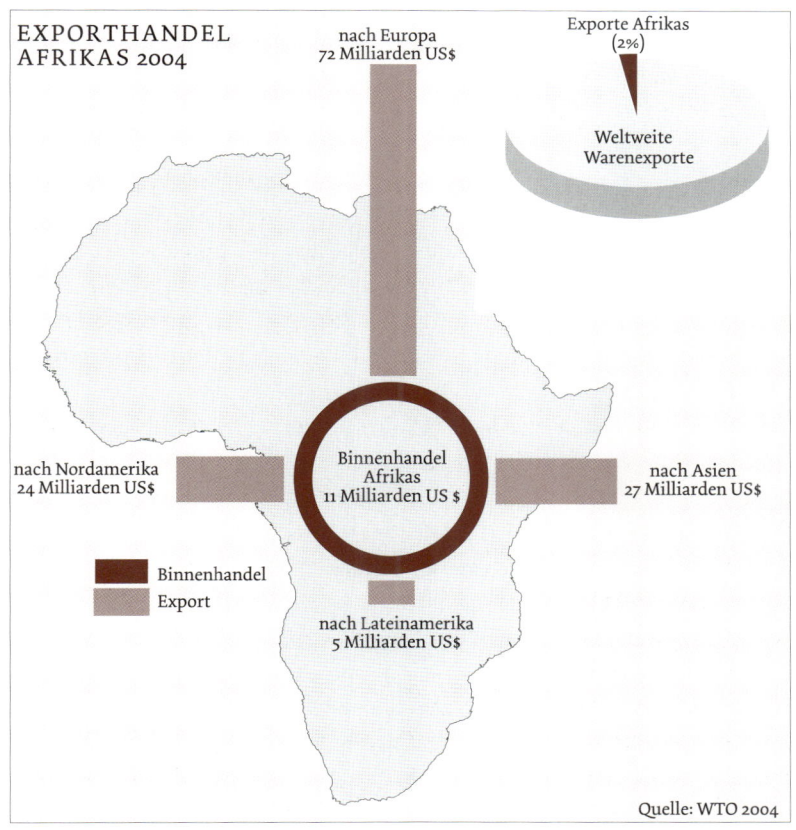

EXPORTHANDEL AFRIKAS 2004

nach Europa
72 Milliarden US$

Exporte Afrikas
(2%)

Weltweite
Warenexporte

nach Nordamerika
24 Milliarden US$

Binnenhandel
Afrikas
11 Milliarden US$

nach Asien
27 Milliarden US$

Binnenhandel
Export

nach Lateinamerika
5 Milliarden US$

Quelle: WTO 2004

Maßgeblich für die Beurteilung der wirtschaftlichen Situation Afrikas ist zum einen die sehr geringe Dimension des Binnenhandels verglichen mit dem Außenhandel, zum anderen das starke Übergewicht des Handels mit Industriestaaten über den Handel mit der sogenannten Dritten Welt. Die wachsende wirtschaftliche Bedeutung Chinas und Indiens wird hier allmählich eine Verschiebung bringen, doch ändert sich dadurch wenig am Charakter und an den Bedingungen der Wirtschaftsbeziehungen Afrikas mit der übrigen Welt.

Landwirtschaft

Die landwirtschaftliche Produktion blieb von der Unabhängigkeit weitgehend unbeeinflusst. Es veränderten sich jedoch die Besitzverhältnisse von Boden in den Siedlerkolonien und überall in den neuen Staaten drängten mittlere und große Agrarunternehmen die kleinbäuerliche Wirtschaft zurück. Politiker und hohe Beamte stiegen neben einheimi-

Die kräfteraubende Arbeit, Hirse – immer noch die wichtigste Getreideart in den Savannengebieten Westafrikas – von den Rispen oder Kolben zu lösen, zu worfeln und so von den nicht nutzbaren Pflanzenbestandteilen zu trennen, blieb den Frauen überlassen. Zu ihren Arbeiten gehörte auch das Mahlen des Getreides zu Mehl oder Schrot. Geschah dies früher mühsam von Hand in großen Steinwannen, so erleichtern heute maschinell betriebene kleine Mühlen die Arbeit, erfordern allerdings auch wieder Geld, das die Familien nicht immer ausreichend zur Verfügung haben.

schen Kaufleuten und Großgrundbesitzern in die landwirtschaftliche Marktproduktion ein. Auch die Versorgung der rasch wachsenden Ballungsräume wurde zu einem einträglichen Geschäft.

Die Gründung staatlicher Farmen oder durch den Staat geförderter landwirtschaftlicher Betriebe erwies sich bald als unproduktiv, was die Verantwortlichen allerdings nicht daran hinderte, diese Unternehmen fortzuführen. Bessere Ergebnisse erzielten private Genossenschaften (wie etwa in Kenya), in denen jedoch nicht Kleinbauern, sondern »kapitalistische« Bauern das Sagen hatten.

Staatliche Forschungsstätten, Entwicklungsagenturen und Vermarktungsorganisationen, die oft schon seit der Kolonialzeit bestanden, kümmerten sich um die Förderung und Vermarktung von Exportprodukten. Der Staat nutzte diese Einrichtungen, um möglichst viel vom produzierten Wert abzuschöpfen. Die Einkünfte aus der Landwirtschaft finanzierten nicht nur einen großen Teil der Staatsausgaben, sondern auch die Subventionen für den Aufbau einer teils privaten, teils staatlichen Industrie.

Wie in Europa sank auch in Afrika der Anteil der Agrarproduktion am Nationalprodukt und der bäuerlichen Bevölkerung an der Gesamtbevölkerung; es kam jedoch, bezogen auf Anbaufläche und Arbeitskraft, nur zu einer geringen Steigerung der Produktivität. Das bescheidene Wachstum der Lebensmittelproduktion für den Eigenbedarf lag in manchen Staaten bereits in der ersten Entwicklungsdekade unter dem Bevölkerungswachstum, und wenn die Exportproduktion auch mengenmäßig wuchs, so hatte der Verfall der Weltmarktpreise doch oft einen Rückgang der Einkünfte zur Folge.

Die Versorgungslage war in den meisten neuen Staaten zufriedenstellend. Es gab jedoch bereits Ende der 1950er Jahre Länder, die Lebensmittel einführen mussten – Senegal und Gambia etwa importierten Reis, um mehr Erdnüsse exportieren zu können. Vor allem die städtische Bevölkerung stellte ihre Essgewohnheiten um. So führten der Import und die Subvention von Weizen im Kongo (Brazzaville) dazu, dass die Stadtbevölkerung pro Kopf mit 72 kg mehr Weißbrot konsumierte als durchschnittlich ein Franzose pro Jahr.

In den 1970er und 80er Jahren wurden immer mehr afrikanische Staaten von Exporteuren zu Importeuren von Grundnahrungsmitteln wie Mais, Reis oder Hirse. Das war einerseits auf die wachsende Bevölkerung und die übermäßige Inanspruchnahme der Böden für Exportkulturen zurückzuführen, andererseits auf die immer häufigeren Produktionseinbrüche aufgrund von Dürre, Überschwemmungen, Heuschreckenschwärmen und Bodenerosion. Unter den extremen Bedingungen der Dürre im Sahel in den 1970er Jahren wurden jahrzehntelange Fehlentwicklungen im Agrarbereich, wie Monokultur, Übernutzung der Böden und Ausdehnung der Anbauflächen in wenig oder ungeeignete Zonen, deutlich sichtbar. Die Erkenntnis bewog allerdings weder die afrikanischen Regierungen noch die westlichen Experten zu einer Änderung ihrer Strategien.

Der Niedergang der Landwirtschaft und die Versorgungskrisen hatten zur Folge, dass vor allem junge Leute das Land verließen und Lohnarbeit suchten; in den Dörfern fehlte ihre Arbeitskraft. Manche Bauern zogen sich in die Subsistenz zurück und die Frage der Nachhaltigkeit wurde noch stärker als bisher vernachlässigt.

Bergbau

Die stete Nachfrage nach afrikanischen Bodenschätzen wich zu Beginn der 1960er Jahre einer sehr unterschiedlichen Marktlage und instabilen Preisgestaltung. Dazu kam, dass manche Lagerstätten erschöpft waren und die neuen Regierungen nicht über das Wissen und die Technologie

1906 nahm die *Union Minière* ihre Tätigkeit im Südosten des Belgischen Kongo auf und bestimmte fortan mit der Gewinnung von Kupfer und Kobalt die Wirtschaft der Provinz Katanga. In den 1940er Jahren lieferte die *Union Minière* auch Uran für die ersten Atombomben der USA. 1966 verstaatlichte Präsident Mobutu Erzabbau und Kupferschmelze, ließ jedoch die Anlagen durch die früheren Inhaber weiter betreiben.

verfügten, um nach neuen Vorkommen zu suchen. Prospektion und Bewertung der Lagerstätten lagen damit in den Händen ausländischer Firmen, die diese Informationen zum eigenen Nutzen verwendeten, sich einen Wettbewerbsvorteil gegenüber anderen Firmen verschafften und die einheimische Regierung von sich abhängig machten.

Die Bergbauunternehmen befanden sich in der Regel im Besitz von Firmen aus Europa, Nordamerika oder Japan sowie der jeweiligen Kolonialmacht – die neue nationale Regierung aber musste mit einer geringfügigen Beteiligung zufrieden sein. Im Fall der 1952 in Mauretanien gegründeten MIFERMA, die die Eisenerzlager im Nordwesten ausbeuten sollte, hielt der französische Staat etwa 30 % und die Regierung Mauretaniens gerade 5 %, während der Rest US-amerikanischen, kanadischen, italienischen und deutschen Unternehmen gehörte.

Natürlich konnte der Staat Abgaben und Steuern erheben, doch waren die afrikanischen Regierungen allesamt erpressbar, vor allem dann, wenn der Staat die Einnahmen aus dem Bergbau dringend brauchte. So blieb es lange bei Minderheitsbeteiligungen. Der Ausbau der Infrastruktur und die Disziplinierung der Arbeitskraft wurden dem Staat aufgebürdet, er hatte jedoch keine Kontrolle über die Vermarktung der Rohstoffe und den Transfer der Gewinne.

Selbst dort, wo die Unternehmen verstaatlicht wurden wie im Fall des Kupferbergbaus in Kongo/Zaire – wobei die Regierung die früheren Besitzer im vollen Wert entschädigte – blieben Management und Vermarktung in den Händen des alten Unternehmens. Der Staat trug das Risiko, die ausländischen Betreiber hatten sichere Erträge.

In den 1950er und 1960er Jahren wurden überall neue Bodenschätze entdeckt, wobei freilich der Abbau nur dann in Angriff genommen wurde, wenn Weltmarktpreis und Abbaukosten interessante Gewinne erwarten ließen. Sank der Preis für das jeweilige Produkt, so wurden vor allem Minen mit relativ hohen Erzeugungskosten sofort geschlossen; die

Algerien zählt heute zu den politisch wie wirtschaftlich mächtigsten Lieferstaaten von Erdöl und Erdgas. Der von der staatlichen Gesellschaft *Sonatrach* beherrschte Energiesektor liefert bis zu 98 % der algerischen Außenhandelserlöse. Wichtigste Aufgabe der Regierung und der verantwortlichen Wirtschaftsplaner ist es daher, die Erlöse aus Erdöl und Erdgas möglichst effizient für eine Diversifizierung der nationalen Wirtschaft einzusetzen.

151

daraus entstehenden Probleme überließ man dem Staat, der notfalls sogar protestierende Arbeiter von Polizei und Streitkräften nieder prügeln ließ.

Mit den 1960er Jahren begann in mehreren afrikanischen Ländern (Algerien, Gabun, Lybien, Nigeria) der Abbau von Erdöl.

Afrika lieferte somit Erdöl, Eisen, Bauxit, Phosphate, Kupfer, Diamanten und zahlreiche strategisch wichtige Mineralien – für Frankreich nicht zuletzt auch Uran –, doch blieben die Einkünfte schwankend, die Kontrolle der nationalen Verantwortlichen über die Wirtschaftstätigkeit blieb gering, und die Versuchung für die Politiker und einheimischen Funktionäre, durch Korruption und Diebstahl reich zu werden, war groß. Vor allem Erdöl und eine Reihe seltener Metalle haben in den vergangenen 50 Jahren weitere Staaten zu potenziell sehr reichen Ländern gemacht; mit wenigen Ausnahmen, wie etwa Botswana, hat dieser Reichtum der Wirtschaft wie der Gesellschaft allerdings eher geschadet als genützt.

Afrikas Potential an Wasserkraft ist heute erst zu etwa 7 % ausgeschöpft. Der Bau von Kraftwerken, wie sie in der DR Kongo (Zaire) am Unterlauf des Kongo errichtet wurden, wird immer noch eher mit industrieller Nutzung als mit der Versorgung der Bevölkerung verbunden. Nach Inga 1 - 3 plant die südafrikanische Firma Eskom nun mit Grand Inga einen Staudamm und Turbinenanlagen, die mit fast 40 000 Megawatt Leistung das weltgrößte Kraftwerk wäre.

Industrie, Handel und Infrastruktur

1960 betrug der Anteil der Industrie am Nationalprodukt der afrikanischen Länder 10,7 %; bis 1975 stieg er auf 12 %. Die frühen Entwicklungspläne legten zumeist wenig Nachdruck auf die Förderung der Industrie. Eine Ausnahme machte Ghana unter Kwame Nkrumah, doch flossen weder die großen Investitionen, die sich Ghana im Rahmen des ersten Entwicklungsplans von einer Politik der offenen Tür erwartet hatte, noch reichten die abgeschöpften Erträge der Kakaoproduktion für eine selbstbestimmte Industrialisierung in der zweiten Planungsphase.

Zur gedeihlichen Entwicklung neuer Industrien hätte es einer wachsenden Inlandsnachfrage und eines entsprechenden einheimischen Angebots bedurft – in den meisten

afrikanischen Staaten war beides nicht gegeben, und für die kleine, besser situierte Mittelschicht war es günstiger, die Güter, die man begehrte zu importieren, als sie lokal zu erzeugen. Im Übrigen war der Markt von Handelsfirmen besetzt, die nur wenig Interesse daran hatten, einen profitablen und mit geringen Investitionen erzielbaren Profit aus dem Importgeschäft gegen eine risikoreiche Industrieproduktion in einem ungeschützten und instabilen Markt zu tauschen. So war es letztlich vor allem der Staat, der Industrieprojekte vorantrieb; leider waren diese sehr oft Fehlinvestitionen (»weiße Elefanten«) wie die Industrieanlagen, die Zaire in Verbindung mit den großen Kraftwerken Inga I und II am Kongo errichtete.

Die koloniale Infrastruktur war in ihrer Ausrichtung und Dimension exportorientiert, für die innerstaatliche Versorgung und die kommunikativen Bedürfnisse der Bevölkerung hatte man kaum Vorsorge getroffen. Ebenso schwierig war es in Hinblick auf die Vernetzung der Staaten untereinander. 1963 waren in Afrika (südlich der Sahara, ohne Südafrika) nur etwa 10 % der Straßen geteert und zahlreiche Eisenbahnen bedurften dringend der Reparatur.

Schon in der Kolonialzeit hatte das mangelhaft ausgebaute Transportwesen dazu

> Frankreichs Entwicklungsfonds FIDES finanzierte in den 1950er Jahren eine **Aluminiumschmelze in Kamerun**. Die Firma Alucam gehörte bei der Gründung zu 82 % Pechiney-Ugine (Frankreich), zu 10 % der *Caisse Centrale de la France d'Outre-Mer* und zu nur 8 % dem Territorium Kamerun. 1956 fertiggestellt, produzierte das Werk Aluminium aus importiertem Rohmaterial. Die dafür nötige Elektrizität lieferte ein Kraftwerk am Sanagafluss. Alucam bezahlte nur ein Viertel des Preises, den das Werk in Frankreich hätte zahlen müssen, und obwohl mehr Energie produziert als verbraucht wurde, kostete privaten Verbrauchern elektrischer Strom ein Vielfaches dessen, was Alucam dafür bezahlte. Heute gehört die Anlage der Firma Alcan-Rio Tinto, die bis 2010 die Kapazität der Anlage mehr als verdoppeln will, etwa ein Drittel der gesamten elektrischen Energie des Landes konsumiert und dafür ein Zehntel des privaten Verbraucherpreises zahlt.

geführt, dass in manchen Regionen Unterversorgung und Hunger herrschten, während anderswo die Produkte nicht abtransportiert wurden und verfaulten. Mit der Unabhängigkeit wurden diese Probleme größer, weil einerseits Eisenbahnen und Flussschifffahrt weiterhin vernachlässigt wurden, andererseits die Straßen der Verlagerung und Ausweitung der Transportkapazitäten nicht gewachsen waren. Die Europäische Union, der weltweit größte Geber von Entwicklungshilfe, investiert seit Jahren viel Geld in den Ausbau der afrikanischen Straßen: Schenken wir informierten Beobachtern Glauben, profitieren von diesem Geld europäische Baufirmen weit mehr als die afrikanische Wirtschaft.

153

Dammbauten, wie der Voltadamm in Ghana oder der Assuan-Staudamm, hatten oft einen hohen Prestigewert, aber auch hier blieb der wirtschaftliche Wert hinter dem politischen zurück.

Problematisch war angesichts der raschen Urbanisierung auch der Ausbau der städtischen Infrastruktur, während die Erschließung des ländlichen Raums von der Planung der frühen Unabhängigkeit kaum mit einbezogen wurde. Das Ziel, die gesamte Bevölkerung mit gesundem Wasser zu versorgen, fand erst mit der zweiten Entwicklungsdekade besondere Beachtung, und allen gesetzten Terminen zum Trotz ist es bis heute nicht erreicht.

Befreiungskriege und Militärregime (1965–1990)

Bürgerkrieg und Sezession

Die Vielfalt der Völker, kultureller wie wirtschaftlicher Räume, die durch koloniale Grenzen zusammengefasst wurden, die Willkür der Grenzziehung und die kurze Zeit, die diese neuen »Nationalstaaten« hatten, sich zu konsolidieren, ließen bereits vor dem Ende der Kolonialzeit das Bedürfnis nach Veränderung entstehen. Die koloniale und internationale Politik akzeptierte weder die Vereinigungspläne der Ewe (eine westafrikanische Ethnie) im Westen, der Bakongo im Zentrum noch die der Somali am Horn von Afrika.

Nach der Unabhängigkeit setzten ethno-nationalistische Akteure neben politischen Mitteln auch militärische Gewalt zur Neubestimmung nationaler Grenzen ein. Die beiden bedeutendsten Versuche, Afrikas politische Landkarte zu verändern, waren in der frühen Unabhängigkeit die Sezession Katangas vom Kongo und die Unabhängigkeitserklärung von Biafra.

Der Unabhängigkeit des Kongo am 30. Juni 1960 folgte innerhalb weniger Tage der Abfall der Bergbauprovinzen Katanga und Kasai, die allein für etwa 60 % der Staatseinnahmen des neuen Staates aufkamen. Mit Unterstützung der Minengesellschaften und Belgiens hielt sich der von Moïse Tschombe geführte »Rebellenstaat« Katanga bis Anfang 1963. Inzwischen herrschte in weiten Teilen des Kongo Bürgerkrieg, die UNO hatte sich mit ihrer ersten Friedensmission erheblich vertan, und ihr Generalsekretär Dag Hammarskjöld war durch einen ungeklärten Flug-

zeugunfall umgekommen. Der Konflikt trug wesentlich dazu bei, dass Joseph Desiré Mobutu im November 1965 die Macht übernehmen konnte.

Noch mehr Opfer als die Bürgerkriege im Kongo forderte die Abtrennung der Ostprovinzen von Nigeria. Der Sezession Biafras gingen ein missglückter Putsch von Offizieren aus dem Volk der Ibo, der Mehrheitsbevölkerung in Ostnigeria, und Pogrome an Ibo im Norden Nigerias voraus. Ende Mai 1967 erklärte Gouverneur Emeka Ojukwu die Unabhängigkeit Biafras und den Krieg gegen die Zentralregierung in Lagos.

Erst als die Streitkräfte von Biafra Lagos bedrohten, organisierte die nigerianische Armee den Gegenschlag und vertrieb die Angreifer aus den besetzten Gebieten. Danach begann die Belagerung und schrittweise Eroberung Biafras, die erst am 15. Januar 1970 mit der bedingungslosen Kapitulation endete.

Ojukwu täuschte sich in mehreren Punkten, als er den Kampf um die Vorherrschaft in Nigeria auf dem Weg über eine Sezession antrat: Die Zentralregierung zögerte, aber setzte sich zur Wehr, und die Firmen, die in der Ostregion Erdöl förderten, schlugen sich bald auf die Seite Nigerias. Wenn dieser Krieg dennoch sehr lange dauerte, so weil die Regierung in Lagos Hemmungen hatte, mit voller Härte anzugreifen, und weil Biafra zugleich einen gekonnten Propagandakrieg entfachte, der

Etwa einer Million Menschen kostete der Biafrakrieg durch direkte Einwirkung und Hunger das Leben. In unseren Medien erzählten Bilder von hungernden Kindern und zerstörten Städten, vom Grauen eines Krieges, der mit Waffen und Wirtschaftsblockaden ausgetragen wurde. Erst nach langen Verhandlungen kamen Anfang 1970 das Ende und die Wiedervereinigung Nigerias mit der abtrünnigen Provinz. Emeka Ojukwu, Führer der Sezession, hatte sich bereits vor der Kapitulation nach Côte d'Ivoire abgesetzt, wo er sich als Geschäftsmann etablierte.

das Land in der Weltöffentlichkeit bekannt machte und Sympathien erzeugte. In Afrika selbst wurde Biafra von politisch so unterschiedlichen Staaten wie Tanzania, Côte d'Ivoire, Gabun und Zambia anerkannt. Die Informationskampagne Biafras, die auf die aufrüttelnde Darstellung eines drohenden Genozids setzte, löste die Bildung privater Hilfskomitees in den meisten westlichen Staaten aus. Das Rote Kreuz organisierte eine der größten Hilfsaktionen im Kampf gegen Hunger und Tod im eingeschlossenen Biafra.

Während die Bevölkerung die unglaubliche Härte und die Last des Krieges und der Blockade ertragen musste, profitierten Politiker und Geschäftsleute von diesem Krieg. Der internationale Waffenhandel machte Geschäfte auf beiden Seiten, und wäre es nicht genau um diese Geschäfte gegangen, so hätte der Krieg wohl schon ein Jahr früher beendet werden können.

Befreiungskriege

Die meisten afrikanischen Kolonien kamen auf einvernehmliche Weise zur Unabhängigkeit. Wir finden zur Beschreibung dieses Prozesses recht unterschiedliche Ausdrücke: die Unabhängigkeit »erlangen« oder »erstreiten«, in die Unabhängigkeit »entlassen werden« oder eben »sie erkämpfen«. Das meinte nicht immer mit Waffengewalt, doch überall dort, wo den Kolonisierten kein anderer Weg mehr gangbar schien, gab es Krieg, unterschiedlich lang und intensiv. Er kostete zahlreichen Menschen das Leben und zerstörte Besitz und Gesellschaft, nicht nur in den betroffenen Ländern, sondern auch in den Nachbarstaaten. Krieg erregte das Interesse der weltweiten Öffentlichkeit mehr als politische Kompromisse oder einvernehmliche Lösungen.

Befreiungsbewegungen bestanden ebenso wie der koloniale Block aus verschiedenen Fraktionen, die gegeneinander im Wettbewerb um die Macht antraten; oft bildeten sich mehrere bewaffnete Organisationen, die nicht nur den Kolonisator, sondern auch einander bekämpften. Die Konkurrenten wurden von unterschiedlichen auswärtigen Mächten unterstützt, wobei die verschiedenen Akteure die Gegensätze des Kalten Krieges für ihre Sache nützten. Auch auf Seiten des Kolonisators gab es Differenzen: Beispielhaft sei hier nur auf den von General Salan geführten Putsch in Algerien und auf die »Revolution der Nelken«, die der Diktatur in Portugal ein Ende setzte, verwiesen.

156

Dazu waren neben den unmittelbaren Kontrahenten auch andere Akteure in den Befreiungskampf involviert, wie internationale Organisationen, Medien, Regierungen der Nachbarstaaten wie der Industriestaaten, private (multinationale) Unternehmen, Religionsgemeinschaften und Solidargruppen des Nordens.

In Zimbabwe (Rhodesien), Namibia (Südwestafrika) und in der Republik Südafrika begannen bewaffnete Einheiten unterschiedlicher Parteien mit dem nationalen Befreiungskampf, doch blieb ihnen der militärische Erfolg versagt. Die Befreiungsbewegungen gerieten in Gefahr, den Kampf um die Macht im Staat zu verlieren, wie es in Kenya mit MauMau geschehen war, weil die politischen Bewegungen innerhalb des Landes und die auswärtigen Teilnehmer an den Friedensverhandlungen die Initiative an sich zogen. Letztlich verschaffte die internationale Unterstützung doch in allen drei Staaten den Parteien im Exil eine Vorrangstellung.

Mit einem politischen wie militärischen Sieg endeten der Kolonialkrieg in Algerien in den 1950er Jahren und die Kämpfe in Guinea-Bissau, Moçambique und Angola in den 1960er und 70er Jahren. Dabei setzte sich in jedem Land eine Befreiungsbewegung militärisch wie politisch durch; der Sieg bedeutete allerdings nirgends Frieden für die Bevölkerung. In Angola und Moçambique folgte der Unabhängigkeit ein jahrzehntelanger Bürgerkrieg. In den beiden anderen Staaten blieben die Gegensätze in der Gesellschaft über Jahre verdeckt, und brachen dann – vor allem in Algerien – mit großer Gewalt wieder auf.

Einen besonderen Charakter hatten jene Konflikte, in denen sich nationale Befreiungsbewegungen gegen die Besetzung durch Nachbarstaaten zur Wehr setzten. Einem gelungenen Befreiungskampf gegen Äthiopien folgte die Errichtung des Staates Eritrea; vor einem Scheitern steht die Befreiungsfront der Westsahara, Polisario, die seit 1975 versucht, die Einverleibung des Landes durch Marokko zu verhindern.

> »Der Kolonialismus ist keine Denkmaschine, kein vernunftbegabter Körper. Er ist die Gewalt im Naturzustand und kann sich nur einer noch größeren Gewalt beugen«, schrieb Frantz Fanon in *Die Verdammten dieser Erde* angesichts des algerischen Befreiungskampfes. »**Dieses Volk**, dem man immer gesagt hat, dass es nur die Sprache der Gewalt verstehe, **beschließt, sich durch die Gewalt auszudrücken**. Im Grund hat der Kolonialherr ihm seit jeher den Weg gezeigt, den es wählen muss, wenn es sich befreien will. Das Argument, das der Kolonisierte wählt, hat ihm der Kolonialherr geliefert, und durch eine ironische Umkehrung ist es jetzt der Kolonisierte, der behauptet, dass der Kolonialherr nur die Gewalt verstehe.« Sein früher Tod hat Fanon davor bewahrt, zu erfahren, dass Gewalt und Gegengewalt nicht Freiheit, sondern wiederum nur Gewalt erzeugen.

Militärregime

In etwa zwei Drittel der Staaten des Kontinents übernahm die Armee in den vergangenen 50 Jahren durch einen Putsch die Macht oder bestimmte zumindest aus dem Hintergrund die Politik des Landes entscheidend mit.

Die Offiziere begründeten ihr Eingreifen mit dem Hinweis auf die Unfähigkeit und Bestechlichkeit der gestürzten oder entmündigten Regierung und bildeten Komitees, deren Namen Begriffe wie »Revolution«,

»Erlösung«, »Befreiung« oder »Nationales Heil« enthielten. Meist zeigte sich bald, wer unter den Putschisten die mächtigste Position hatte. Erwies sich der neue nationale Führer als durchschlagskräftig, löste er das Führungskollektiv auf, entmachtete oder liquidierte Konkurrenten und konsolidierte mit Unterstützung der Bürokratie, einiger ziviler Politiker und nationaler wie internationaler Geschäftsleute das Regime. Was die Rolle der Großmächte betraf, sei hier eine Bemerkung des amerikanischen Afrikanisten Crawford Young zitiert, der zur Machtübernahme

In einem Großteil der afrikanischen Staaten hat die Bevölkerung eine Machtübernahme durch die Armee erlebt und oft begrüßt, weil sie sich von der Ablösung der korrupten zivilen Regierungen eine Verbesserung der Lage erhoffte. In den meisten Fällen blieb diese Verbesserung aus, aber die Militärregime garantierten immerhin etwas Stabilität und passten sich nach Absicherung ihrer Macht zivilen Regierungen an. In nicht wenigen Ländern gelang es aber der Armee nicht, die effiziente Kontrolle über den Staat wieder herzustellen. Im Tschad begann ein Bürgerkrieg bereits vor der ersten Machtübernahme durch die Offiziere 1975, und seither ist das Land nicht mehr zur Ruhe gekommen.

von Mobutu im Kongo schrieb: »Es genügt an dieser Stelle anzumerken, dass die amerikanische Botschaft mit Sicherheit im Vorhinein Kenntnis vom Coup hatte und die Machtübernahme guthieß.«

Um die Bevölkerung hinter sich zu bringen, setzten die Militärherrscher auf den Solidarisierungseffekt eines »gemeinsamen Feindes«: eine verbotene Partei, die ehemalige Kolonialmacht, die »Kapitalisten« oder »Kommunisten«, ein unfreundlicher Nachbarstaat oder die katholische Kirche. Während konservative Militärregimes mit dem Verwaltungsapparat und Wirtschaftsleuten kooperierten, setzten die revolutionären auf das Potenzial der unzufriedenen Jugend, gründeten Volksbewegungen und Revolutionskomitees, verboten sie jedoch wieder, wenn diese Gruppen begannen, Eigendynamik zu entwickeln.

Auf die Konsolidierung folgte entweder eine Angleichung an die zivilen autoritären Regimes oder es kam zu einem mehrfachen Wechsel zwischen Armee und Zivilregierungen. Ghana, Obervolta/Burkina Faso oder Nigeria wählten ab Mitte der 1960er Jahre mehrmals Zivilregierungen, die von der Armee nach kurzer Zeit wieder »abberufen« wurden.

In anderen Staaten wie Togo oder Kongo-Kinshasa kam es hingegen zur Gründung von Einheitsparteien, Wahlinszenierungen, Einrichtung von (macht- und funktionslosen) Parlamenten und Volksabstimmungen über die Verfassung. Rein äußerlich zeigte sich z.B. an der Tatsache, ob, wann und wie oft ein Staatschef seine Zivilkleidung gegen eine Uniform tauschte, welche Bedeutung die Armee für die Konstituierung der Macht hatte.

Konservative wie »revolutionäre« Militärregimes förderten Spannungen zwischen den Bürgern in Uniform und in Zivil. Die Armeeangehörigen waren privilegiert, nahmen sich gegenüber der Bevölkerung Rechte heraus und wurden für Übergriffe nicht bestraft.

In einigen Staaten, wie Algerien, Ägypten oder Lesotho, zog sich die Armee rasch aus der Tagespolitik zurück, behielt jedoch in wichtigen Dingen – wie der Auswahl des Staatschefs, wirtschafts- und außenpolitische Leitlinien oder Ideologiefragen – die Entscheidungsmacht.

Staaten, in denen es der Armee nicht gelang, eine stabile Kontrolle der Macht durchzusetzen, wurden durch die Militärputsche oft auf lange Zeit destabilisiert. Dies gilt für Liberia, Sierra Leone, Somalia oder den Tschad. Statt einer Zivilisierung des Militärregimes erfolgte in diesen Ländern der Abstieg in die Anarchie.

Revolutionäre Konzepte für eine »Dritte Welt«

Das Scheitern der afrikanischen Unabhängigkeiten und das Erleben der neokolonialen Kontrolle löste bei fortschrittlichen Politikern und Intellektuellen Überlegungen aus, wie sich die »Dritte Welt« besser positionieren könne. Eine Erneuerung erforderte – darin waren sich alle einig – eine Reform oder Revolution sowohl des globalen Systems wie der nationalen Gegebenheiten.

So kam es 1973 bei der Konferenz der *Nicht-paktgebundenen Staaten* in Algier zur Formulierung einer *Neuen Internationalen Wirtschaftsordnung* und Ende 1974 nahm die Generalversammlung der UNO diese Vorschläge in Form einer *Charter of Economic Rights and Duties of States* an. Die *Neue Weltwirtschaftsordnung* garantierte das Recht der Staaten, über ihre Ressourcen und wirtschaftlichen Aktivitäten zu verfügen sowie Kartelle rohstoffproduzierender Länder zu bilden. Die Forderungen des Südens lösten Gegenformulierungen der USA und anderer Wirtschaftsnationen aus; mit der globalen Krise der 1980er Jahre verschwanden die Forderungen aus dem internationalen Diskurs.

Nicht viel anders ging es den nationalen Umbrüchen und Revolutionen in Afrika. Es kam wohl in einigen Ländern zu populistischen Reformen, deren Akteure sie zu Revolutionen hochredeten. Langzeitwirkung hatte keines der Konzepte, mit deren Hilfe die Verfasser die autoritären Elitenregierungen überwinden und die zunehmend lethargische, von der Politik enttäuschte Bevölkerung wieder aktivieren wollten.

Die Führung populistischer Bewegungen hatten in der Regel junge Offiziere von bescheidener Herkunft, die sich in der Vorbereitung eines Staatsstreiches in den Vordergrund schoben. Ihr Erfolg beruhte vor allem auf der Fähigkeit, die politische Lage analysieren und ihre Partner motivieren zu können. Mit den Vätern der Unabhängigkeit teilten diese charismatischen Führer exzellente rednerische Fähigkeiten, öffentliche Auftritte bei Massenveranstaltungen und Führungsqualitäten.

Die meisten dieser »Revolutionen« nannten sich marxistisch, erschöpften sich jedoch, wie in Äthiopien unter Mengistu Haile Mariam oder in Kongo-Brazzaville unter Marien Ngouabi in einem marxisierden Schwall von Worten, hinter dem bald die Diktatur zum Vorschein kam. Nur in wenigen Fällen bestimmten populistische Konzepte für einige Zeit tatsächlich Staat und Gesellschaft: die erste Regierungszeit von Jerry Rawlings in Ghana, Obervolta/Burkina Faso unter Thomas Sankara sowie die frühen Jahre der Regierung Gaddafi inLybien. Das Engagement

Thomas Sankara stammte aus ärmlichen Verhältnissen und erfuhr seine militärische Ausbildung in Madagaskar und Marokko. Nach der Rückkehr nach Obervolta baute er Kontakte mit Gleichgesinnten in der Armee, aber auch mit politischen Gruppen des linken Spektrums auf. Seine Persönlichkeit prägten das Verlangen nach Würde und die vehemente Ablehnung jeder Form von Erniedrigung. Sankara wurde zum Helden der kleinen Leute, er wurde aber auch zum Idol der fortschrittlichen Intellektuellen. Die Zustimmung vieler Menschen ist ihm weit über seinen gewaltsamen Tod 1987 hinaus erhalten geblieben.

der drei Staatschefs für eine »Aufwertung« der kleinen Leute zeigte Wirkung, veränderte die politischen Systeme und die Gesellschaft aber letztlich nicht nachhaltig.

Ziel der jungen Offiziere war die »moralische Reinigung« der Gesellschaft und die Zerschlagung der dominierenden politischen Institutionen. Korruption, Ämtermissbrauch, ungerechte Verteilung des gemeinsamen Produkts und Entmündigung des Volkes waren dafür zu überwinden.

Jerry Rawlings verkündete Mitte 1983 nach zwei Jahren erfolgloser Reformen: »Schluss mit den leeren Theorien« und er forderte »Produktion und Effizienz. Der populistische Unsinn muss einem populären oder unpopulärem Sinn Platz machen [...] Viele von uns haben sich zu lange den Kopf darüber zerbrochen, wem was gehört. Aber man kann nichts besitzen, ohne dass man zuerst etwas produziert. Revolutionäre Aktivitäten sind kein Ersatz für produktive Arbeit.«

Thomas Sankara versuchte rund 5 Jahre lang, alternative Strategien zu entwerfen und umzusetzen. Aus Obervolta wurde in dieser Zeit Burkina Faso, das »Land der Aufrechten«. Einflussreiche Geschäftsleute wie Politiker mussten beginnen umzudenken. Um die »Normalität« wieder herzustellen, wurde Sankara im Oktober 1987 ermordet. Bleibt noch Oberst Gaddafi, der den Revolutionär der frühen Jahre längst selbst vergessen und beseitigt hat.

Schuldenkrise, Strukturanpassung und die »dritte Kolonisierung«

Afrikas Wirtschaftswachstum war bereits in den ersten Dekaden der Unabhängigkeit hinter dem anderer Weltregionen zurückgeblieben. Innerhalb von 20 Jahren stieg bis 1994 die Verschuldung der subsaharischen Staaten von 15 % des Bruttonationalprodukts auf 90 % – dabei werden 40 % bereits als kritisch angesehen. Zwischen 1985 und 1995 verzeichnete Afrika südlich der Sahara – es lief zunehmend darauf hinaus, Afrika auf diesen Teil des Kontinents zu beschränken, während Nordafrika als getrennte Region wahrgenommen wurde – eine Verringerung der Wirtschaftsleistung von durchschnittlich 1,1 %, während Ostasien und der Pazifikraum ein Wachstum von 7,2 % aufwiesen und die Industriestaaten im Schnitt immer noch 1,9 % zulegen konnten.

Ausnahmen wie Botswana oder Mauritius (+6,1 % und +5,4 %) ließen den Trend zum »Negativwachstum« nur noch deutlicher sichtbar werden. Angesichts der schlechten Ergebnisse der wirtschaftlichen und sozialen Entwicklung in Afrika setzten bei globalen Akteuren und Experten Überlegungen ein, wer denn Schuld an dieser Entwicklung habe. Die Verantwortung für den allgemeinen Niedergang wurde immer deutlicher den afrikanischen Gesellschaften und ihrer Führung zugeschoben.

Afrikas Staaten südlich der Sahara wurden durch die globale Krise so schlechte Zahler, dass sich die Banken aus diesem Markt zurückzogen und schließlich nur noch die internationalen Finanzinstitutionen bereit waren, Kredite nach Afrika zu vergeben. Zum Unterschied von früher wurden die Kredite den afrikanischen Schuldnern jetzt in kleinen Tranchen zugeteilt und diese Zuteilung an Bedingungen geknüpft, die wirtschaftlicher, aber auch sozialer und politischer Art waren.

Mit den 1980er Jahren begannen die »Strukturanpassungen« der internationalen Finanzinstitutionen. Ohne Rücksicht auf lokale Bedingungen wurde ein universaler Plan weltweit angewandt. Den Kern der Maßnahmen bildeten finanzpolitische Vorschriften, die zur Verringerung der Inflation, Erhöhung der Steuereingänge und verlässlicher Rückzahlung der Staatsschulden (vor allem bei ausländischen Gläubigern) führen sollten. Die afrikanischen Länder mussten ihre Währungen so lange abwerten, bis es keine Schwarzmarktkurse mehr gab, und alle Schutzbestimmungen für den Handel ebenso wie staatliche Subventionen für lebenswichtige Produkte aufheben. Wichtig war den Gebern von Krediten und Entwicklungshilfe auch der Wechsel vom Staat zum Markt als

bestimmende Kraft der wirtschaftlichen Entwicklung. Staatliche Betriebe mussten privatisiert, Arbeitskräfte entlassen werden.

Die Kontrolle fremder Mächte über Afrika wurde damit deutlicher und zeigte sich nach Kolonisierung und Neokolonisierung in einer dritten Erscheinungsform: der konsensualen Unterwerfung der Eliten. War die erste Kolonisierung mit Gewalt und direkter Kontrolle verbunden gewesen, so reichte für die zweite, die neokoloniale, die wirtschaftliche Abhängigkeit. Die dritte Kolonisierung schließlich war eng verbunden mit Entwicklungshilfe und Globalisierung. Die Politiker und Manager, die in den 1990er Jahren allmählich die alte herrschende Klasse ablösten, hatten als Experten der internationalen Organisationen und als Mitarbeiter der Weltbank die Regeln der *global players* bereits so verinnerlicht, dass sie niemand mehr von der Richtigkeit der Vorschriften dieser neuen Mächte überzeugen musste.

Den neuen Regulierungen konnte sich in den Gesellschaften Afrikas niemand mehr entziehen. Es stellte sich relativ rasch heraus, dass dabei die Last der Anpassung einseitig auf den Ländern des Südens ruhte – das galt für den politischen Wandel ebenso wie für die eingeforderte wirtschaftliche Disziplin.

Die immer heftiger werdende Kritik an den Konzepten, öffentliche Proteste der Bevölkerung, deren Lebensbedingungen sich krass verschlechterten, und die Weigerung mancher Politiker, die aufgezwungenen Sparmaßnahmen durchzusetzen, führten zu einer Revision der Programme und zu sozialen Absicherungsmaßnahmen – die Lage entschärfte sich etwas, doch im Kampf gegen die Armut erwiesen sich auch die neuen Programme als nicht wirksam genug.

Demokratisierung, Krisen- und Katastrophenbewältigung sowie wirtschaftliche Erholung (1990 bis zur Gegenwart)

Das Jahrzehnt der Anarchie

Je deutlicher in den 1980er Jahren wurde, dass die großen Erwartungen der Unabhängigkeiten nicht erfüllt würden und je schwieriger sich das Leben und Überleben für die Bevölkerung gestaltete, desto stärker wuchs die Gewaltbereitschaft. Der Staat erwies sich als unfähig, seine Bürger vor dieser Gewalt zu schützen, wurde selbst zum Gewalttäter und trug dazu bei, dass seine Bürger ihrerseits auf Gewalt setzten.

Die Bevölkerung beantwortete Kleinkriminalität mit Lynchjustiz. Der Staat unterdrückte zivilgesellschaftlichen Widerstand, enteignete gewaltsam bäuerlichen Grundbesitz und vertrieb Stadtbewohner in Verbindung mit *slum clearing*. Soziale Gruppen wie Regionen, die benachteiligt wurden oder sich benachteiligt glaubten, attackierten Staat wie Zivilgesellschaft.

Die Konflikte reichten von lokaler Anwendung von Gewalt über nationale Auseinandersetzungen bis zu staatenübergreifenden Kriegen, die sich, verglichen mit den Kriegen der beiden ersten Dekaden, durch noch mehr Brutalität und Unbegreiflichkeit auszeichneten.

Es gibt für keinen dieser Konflikte eine einfache Erklärung, und auch keine Lösung. Zu den Ursachen gehören ethnisch-kulturelle bzw. ideologisch-religiöse Differenzen, krasse wirtschaftliche Unterschiede zwischen den Regionen, extrem ungleiche Verteilung der Einkommen, Arbeitslosigkeit, die Aussichtslosigkeit und Existenzangst junger Menschen, das Profitstreben lokaler Machthaber (Kriegsherrn) und die einträglichen Geschäfte von Minengesellschaften, Ölfirmen und Waffenhändlern.

Somalia zerfiel in mehrere Teile und trotz zahlreicher Friedenskonferenzen ist kein Friede in Sicht. In Algerien sind die Gewaltakte weniger geworden – den politischen und sozialen Ausgleich hat das Land noch nicht geschafft. Die Bürgerkriege in Angola und Moçambique sind zu Ende, ebenso die Bandenkriege in den westafrikanischen Staaten Liberia und Sierra Leone, doch die Gefahr weiterer Konflikte in Westafrika besteht.

Nicht mehr als eine oberflächliche Beruhigung ist im Sudan und im Tschad eingetreten. Vor allem ist aber der zentralafrikanische Flächen-

Links:
Shetani (»Teufel«) sind abstrakte Skulpturen der Makondeschnitzer in Dar es Salaam. Die Figuren aus Ebenholz stellen »Geister« dar, denen gute wie schlechte Eigenschaften zugeschrieben werden.

165

In vielen Teilen Afrikas ist wieder Friede geschaffen worden und die internationale Gemeinschaft kümmert sich um die vom Krieg betroffenen und beschädigten Menschen, vor allem um die zahlreichen Kindersoldaten. Kaum ein Bild kann die Grausamkeit dieser Auseinandersetzungen besser wiedergeben als das Foto beinamputierter, Fußball spielender Jugendlicher in Sierra Leone – und zugleich schwingt in diesem Bild die Hoffnung auf eine bessere Zukunft mit.

brand, den die frühere Außenministerin der USA, Madeleine Albright, als »Afrikas ersten Weltkrieg« bezeichnete, nicht zu Ende. Auslösendes Moment war der Völkermord in Rwanda, dem fast eine Million Menschen zum Opfer fielen, und der die Rückeroberung des Landes durch eine Exilbewegung sowie die Flucht großer Teile der rwandischen Bevölkerung nach Zaire zur Folge hatte.

Eine klare Trennung von Staat und zivilen Akteuren war und ist in diesen Auseinandersetzungen kaum möglich. So entstand in der Beschreibung der Übergriffe auf die Zivilbevölkerung in Sierra Leone der Begriff »Sobel« – »Bei Tag Soldat, bei Nacht Rebell«. Am Völkermord in Rwanda waren Armee wie Zivilisten beteiligt. Die Finanzierung von Waffenkäufen und Truppen (wie die Transaktionen von »Blutdiamanten« oder den Tausch von Öl gegen Waffen) verbindet Politik und Wirtschaft.

Zudem gibt es direkte Eingriffe auswärtiger Mächte, sei es als Partner einzelner Fraktionen, sei es als Friedenstruppen oder Konfliktberater. Nicht unwesentlich in die Auseinandersetzungen involviert sind auch private, sogenannte Sicherheitsunternehmen, die mit ihren Söldnern einzelne Konfliktpartner unterstützen oder Objektschutz für transnationale Firmen betreiben.

Stellvertreterkrieg im Ostkongo

Zwischen 1996 und 2004 kostete der Krieg im Ostkongo etwa 3,8 Millionen Menschen das Leben und wurde zum global opferreichsten Konflikt seit dem Zweiten Weltkrieg. Inzwischen schätzt man die Zahl der Opfer auf 5,4 Millionen und immer noch ist kein Friede in Sicht.

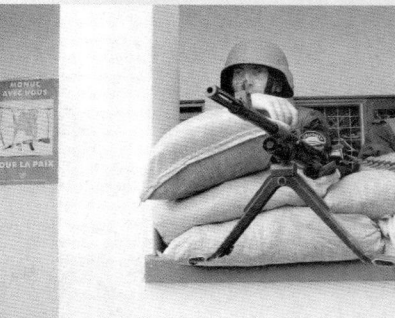

Der Krieg in Zentralafrika war (oder ist) kein »afrikanischer Weltkrieg«, wie westliche Politiker und Journalisten meinten, sondern ein Stellvertreterkrieg, in dem unterschiedliche politische und wirtschaftliche Mächte versuchen, ihren Einfluss in der Region zu stärken. Er besteht aus einer Anzahl kleiner Kriege, die miteinander verknüpft sind, hat ungeheures Leid und immensen Schaden für die Zivilbevölkerung verursacht und wurde bzw. wird von der Weltöffentlichkeit dennoch kaum wahrgenommen.

Die Vereinten Nationen unterhalten eine Friedensstreitmacht von 19 000 Personen im Kongo, und die Wahlen von 2006 kosteten die internationale Gemeinschaft 450 Mio. US-$. Die Wahlen führten zu keiner nationalen Einigung, die UNO ist angesichts von 1,8 Mio. Flüchtlingen extrem überfordert.

Eine Untersuchungskommission des UN-Sicherheitsrates stellte fest, dass »sowohl die ‚Feinde' wie die ‚Bündnispartner' des Kongo eine systematische und organisierte Plünderungen der Ressourcen des Landes betrieben«. Der Clan Kabila und seine Partner haben die Macht und die Nutzung der kongolesischen Reichtümer von Mobutus Clan übernommen; die Opposition kontrolliert andere Teile des Landes und sichert sich dort die Regalien und das »Recht« auf Ausplünderung der Bevölkerung, desgleichen die tribal organisierten Milizen und Rebellengruppen.

Die im und durch den Krieg entstandenen Netzwerke, die Politiker, Militär und Wirtschaftsleute verbinden, dienen der Ausbeutung von Diamanten und seltenen Metallen wie Coltan, der räuberischen Aneignung von Vieh, dem Export von Gold und anderen Rohstoffen sowie dem Import von Waffen. Die Tatsache, dass sowohl afrikanische wie ausländische Akteure dieser Netzwerke der Weltöffentlichkeit bekannt sind, hat nichts an der Ausplünderung des Kongo geändert: ■

Trotz aller Probleme, die mit dem Einsatz internationaler Friedenstruppen unter der Flagge der UNO verbunden sind, sind solche Friedensmissionen für die Weltgemeinschaft heute das einzige Mittel, Konflikte zu entschärfen und Menschen in Krisengebieten zu schützen. Der Versuch, Militär auch an ersten Aufbaumaßnahmen zu beteiligen, wird zwar von zivilen Hilfsorganisationen oft kritisiert, verschafft den Friedenstruppen jedoch eine zweite sinnvolle Aufgabe.

Hoffnung auf eine neue Wende:
Zivilgesellschaft, Demokratie und Entwicklung

Waren die 1990er Jahre auch eine Dekade der Gewalt und der Krise, so waren sie doch zugleich geprägt von der politischen Erneuerung der Gesellschaft. In einer Reihe von Staaten bereiteten Nationalkonferenzen Wahlen und die Ablösung der alten Regimes vor; in anderen waren es Organisationen der Zivilgesellschaft und die Medien, die eine Änderung

Kein afrikanischer Politiker hat in den vergangenen beiden Dekaden Politik und Gesellschaft in Afrika und darüber hinaus so nachhaltig positiv beeinflusst wie Nelson Mandela. Der erste Präsident der Republik Südafrika nach dem Ende der Apartheid verbrachte für seine politische Gesinnung 27 Jahre im Gefängnis, und doch prägte nach seiner Freilassung sein politisches Handeln die Suche nach Ausgleich, Versöhnung und gemeinsamer Entwicklung.

erzwangen. Wohl formulierten die großen Geber der Entwicklungshilfe und die internationalen Finanzinstitutionen den Rahmen und gaben die Richtung vor, doch waren es letztlich die verschiedenen Organisationen der Zivilgesellschaft und die Medien, die den Prozess der Demokratisierung vorantrieben. Wie zur Zeit der Unabhängigkeiten waren es auch einzelne prominente politische Führer, die der neuen Welle der Demokratisierung zum Durchbruch verhalfen – allen voran ist hier Südafrikas erster von allen Bürgern gewählter Präsident Nelson Mandela zu nennen.

Die Bevölkerung und die neuen Parteien engagierten sich in den Wahlprozessen, zumindest anfangs, als die Erwartungen noch hoch waren. Inzwischen sind die großen Hoffnungen wieder einer Ernüchterung gewichen. Die Erfolge der Demokratisierung blieben insgesamt bescheiden, doch zeigen vor allem die Jahre um die Jahrtausendwende eine deutliche Verbesserung.

Wie in Senegal gab es auch in Ghana und in Kenya einen Sieg der Opposition. Marokko und Tanzania setzten auf eine breitere Beteiligung der Bürger an der Politik. Nicht immer bedeutete ein Wechsel der regierenden Partei allerdings auch eine wirksame Erneuerung. Die alten Übel, wie Korruption und unbeirrbares Festhalten an der Macht, sind weiter präsent.

Wirtschaftlich gesehen mündeten die 1990er Jahre in eine Zeit der Erholung, verbunden mit einer massiven Unterstützung von außen, die seit Beginn des 21. Jahrhunderts den meisten nationalen Ökonomien jährliche Wachstumsraten zwischen 6 % und 12 % bescherte.

> Der ghanaische Politologe Emmanuel Gyimah-Boadi zog in seinem Buch *Democratic Reform in Africa* ein **vorsichtig optimistisches Fazit**: »Die rezenten politischen Reformen haben einige der Grundlagen geschaffen, auf denen Rechtstaatlichkeit und Regierungen in Afrika aufbauen können: Verringerung der öffentlichen Willkür, Erweiterung im Bereich der Menschenrechte, die den afrikanischen Menschen zukommen, Rampenlicht auf die endemische öffentliche Korruption und vor allem weit mehr Möglichkeiten der Bürgerbeteiligung«.

Entschuldungsverfahren und nationale Pläne der Armutsreduktion lindern die wirtschaftlichen Probleme, beseitigen jedoch nicht die Ursachen des vorangegangenen Scheiterns. Auch wenn die Finanzkrise den afrikanischen Ökonomien schwer geschadet hat und es Rückschläge gibt, wie die Unruhen nach den Wahlen in Kenya 2006/07, die neben der menschlichen Tragödie und dem politischen Schaden einen massiven wirtschaftlichen Schaden für ganz Ostafrika nach sich zogen, oder das politische wie wirtschaftliche Desaster in Zimbabwe, ist es doch wieder angebracht Optimismus zu hegen.

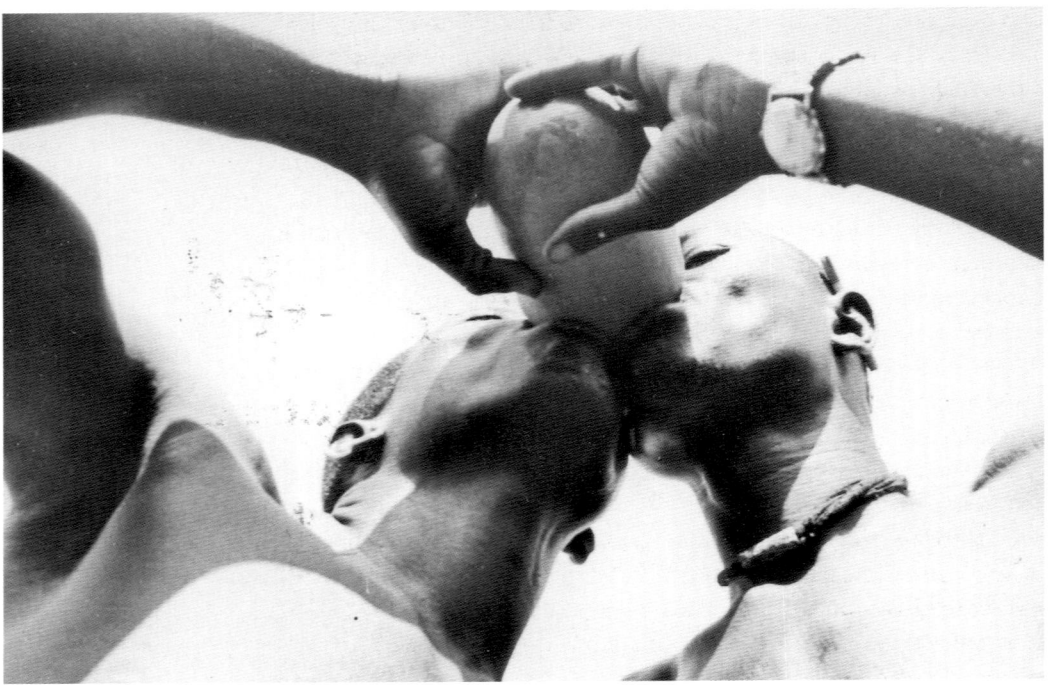

Afrika global – regional – lokal

»Solidarität«
Zwei junge Kabiye
(Nordtogo)
trinken nach getaner
Feldarbeit gemeinsam
Hirsebier aus einer
Kalebasse; »historische
Aufnahme« 1970.

Nach 50 Jahren Unabhängigkeit haben Afrikas Staaten und Gesellschaften ihren Platz im globalen System gefunden, als Mitgliedsstaaten der UNO und ihrer Teilorganisationen, als Partner der Europäischen Union und als Kulturschaffende, insbesondere in der Musik, in der Literatur (fünf Nobelpreise seit 1986) und im Film. »Afrika ist kein Kontinent, sondern ein Konzept«, schrieb der deutsche Soziologe Ulrich Beck 1997 in seinem Buch *Was ist Globalisierung?* und bezog sich dabei vor allem auf die kulturellen und gesellschaftlichen Manifestationen auf der ganzen Welt. In den letzten 500 Jahren haben viele Afrikaner – geraubt, verschleppt, vertrieben oder freiwillig auf der Suche nach einer anderen Welt – den Kontinent verlassen und anderswo eine Existenz gesucht und aufgebaut, oft unter extrem schwierigen Bedingungen. Sie machen Afrika für uns sichtbar und belegen zugleich, dass die Geschichte eines Kontinents immer auch die Geschichte unserer gemeinsamen Welt ist.

Migration bedeutet Verlust und Chance für die Ausgangsgesellschaften. Mit Geldüberweisungen finanzieren Migranten aus Ländern des Südens ihre Familien zu Hause, aber auch wirtschaftliche und soziale Entwicklung im Heimatland. 2005 machten solche Transfers etwa das Doppelte der offiziellen Entwicklungshilfe aus. Die Probleme vor Ort sind allerdings durch Überweisungen und Entwicklungshilfe nicht zu lösen. Dafür ist eine Veränderung der globalen Beziehungen und Verteilungsregeln notwendig, denn wirtschaftlich hat Afrika seine Souveränität noch längst nicht gewonnen.

Die durch Weltbank und Weltwährungsfonds vorgeschriebenen Maßnahmen, wie Öffnung der Märkte, Privatisierung und Förderung der Exportproduktion, verbesserten nationale Bilanzen und nützten einer Minderheit in den erfolgreichen Staaten. Die Reichsten und etwa 2 –5 % der Bürger, können ohne Schwierigkeiten mit der globalen Konsumgesellschaft mithalten. Für die Mittelschicht und vor allem für die breite Masse bleibt wenig.

Zugleich mit der Welle der Demokratisierung und den globalen Initiativen im Kampf gegen Hunger und Armut versuchten Afrikas Politiker auch die regionale Zusammenarbeit besser zu gestalten: Zu den Maßnahmen gehören die Ablöse der *Organisation der Afrikanischen Einheit* durch die *Afrikanische Union* (2001), die Gründung von NEPAD (Neue Partnerschaft für Afrikanische Entwicklung) und die Bemühungen, regionale Wirtschaftsgemeinschaften mit neuen Aufgaben zu aktivieren. Die Ergebnisse lassen auf sich warten.

Viel deutlicher wird der Fortschritt auf lokaler Ebene, wobei durch die modernen Kommunikationstechnologien – vor allem Handy und Computer – und die solidarische Vernetzung von Organisationen, das Lokale mit dem Globalen in enger Verbindung steht. Netzwerke wie *Fair Trade* oder die *Clean Clothes Kampagne* tragen zu einer Verbesserung der Produzentenpreise und der Arbeitsbedingungen im Produktionsbereich wie zur Information und Bewusstseinsbildung bei den Konsumenten bei. Die Vereinfachung und Verbilligung von Kommunikation gibt auch kleinen Organisationen und Gruppen der Zivilgesellschaft die Möglichkeit, politisch und gesamtgesellschaftlich wirksam zu werden.

Die kenyanische Friedensnobelpreisträgerin Wangari Maathai nannte in einem Interview im Februar 2005 drei Dinge als gemeinsame, notwendige Voraussetzung für Entwicklung: eine gute Verwaltung der natürlichen Ressourcen verbunden mit gerechter und verantwortungsvoller Verteilung, gute Regierungsführung und Achtung der Menschenrechte sowie Frieden. Um hier Fortschritte zu machen, sind wir alle, global, gefordert.

■ Literatur

Die Literaturauswahl ist in verschiedene Themenbereiche gegliedert: Globaler Raum, Weltsicht, Afrika Geschichte allgemein, Afrika alte Geschichte, Afrika Geschichte Neuzeit, Afrika 20. Jahrhundert, Politik, Wirtschaft, Gesellschaft, Kultur und Lexika/Nachschlagewerke/Atlanten.

Globaler Raum

Beck, Ulrich. Was ist Globalisierung? Frankfurt 1997.

Hobsbawm, Eric J. Das Zeitalter der Extreme: Weltgeschichte des 20. Jahrhunderts. München, Wien 1997.

Hobsbawm, Eric J. Das imperiale Zeitalter: 1875 - 1914. Frankfurt 1999.

Frank, Andre Gunder. Orientierung im Weltsystem. Von der Neuen Welt zum Reich der Mitte. Wien 2005.

Kennedy, Paul. Aufstieg und Fall der großen Mächte. Ökonomischer Wandel und militärischer Konflikt von 1500 bis 2000. Frankfurt 1989.

Kennedy, Paul. In Vorbereitung auf das 21. Jahrhundert. Frankfurt 1993.

Pieper, Renate. Die Anfänge der europäischen Partizipation am weltweiten Handel: Die Aktivitäten der Portugiesen und Spanier im 15. und 16. Jahrhundert. In: Edelmayer, Friedrich; Landsteiner, Erich; Pieper, Renate (Hg.). Die Geschichte des europäischen Welthandels und der wirtschaftliche Globalisierungsprozess. München, Wien 2001.

Robertson, Robbie. The three waves of globalization. A history of developing global consciousness. London 2003.

Wallerstein, Immanuel. Das moderne Weltsystem: Kapitalistische Landwirtschaft und die Entstehung der europäischen Weltwirtschaft im 16. Jahrhundert. Frankfurt, Wien 1986.

Wallerstein, Immanuel. Das moderne Weltsystem II – der Merkantilismus. Europa zwischen 1600 und 1750. Wien 1998.

Wallerstein, Immanuel. Das moderne Weltsystem III – Die große Expansion: die Konsolidierung der Weltwirtschaft im langen 18. Jahrhundert. Wien 1994.

Wolf, Eric R. Die Völker ohne Geschichte. Europa und die andere Welt seit 1400. Frankfurt 1991.

Weltsicht

Arndt, Susan (Hg.) AfrikaBilder. Studien zu Rassismus in Deutschland. Münster 2001.

Braudel, Fernand; Duby, Georges; Aymard, Maurice. Die Welt des Mittelmeers. Zur Geschichte und Geographie kultureller Lebensformen. Frankfurt 1990.

Depelchin, Jacques. Silences in African history: between the syndromes of discovery and abolition. Dar Es Salaam 2005.

Fabian, Johannes. Im Tropenfieber. Wissenschaft und Wahn in der Erforschung Zentralafrikas. München 2001.

Fanon, Frantz. Die Verdammten dieser Erde. Frankfurt 2008.

Said, Edward W. Orientalismus. Frankfurt 2009.

Sonderegger, Arno. Kulturräume Afrikas, Kulturraum Afrika? In: Internationale Wirtschafts- und Kulturräume, Historische Sozialkunde 1/2008. Wien 2008.

Sonderegger, Arno; Kraler, Albert (Hg.). Perspectives on Ethnicity and »Race«. In: Stichproben (Wiener Zeitschrift für Kritische Afrikastudien) 16. (Online verfügbar auf: http://www.univie.ac.at/ecco/stichproben/). Wien 2009.

Afrika Geschichte allgemein

Ansprenger, Franz. Geschichte Afrikas. München 2007.

Asante, Molefi Kete. The history of Africa: the quest for eternal harmony. New York 2007.

Deutsch, Jan-Georg; Wirz, Albert (Hg.). Geschichte in Afrika. Einführung in Probleme und Debatten. Berlin 1997.

Fage, John D. A history of Africa. London 2002.

Fage, John D.; Oliver, Roland (Hg.). Cambridge History of Africa. 8 Bde. Cambridge 1977 - 1986.

Gilbert, Erik; Reynolds, Jonathan T. Africa in World History. From Prehistory to the Present. Upper Saddle River 2004.

Iliffe, John. Geschichte Afrikas. München 2000.

Northrup, David. Africa's discovery of Europe, 1450-1850. Oxford 2002.

Schuerkens, Ulrike. Geschichte Afrikas. Eine Einführung. Köln, Weimar, Wien 2009.

UNESCO General History of Africa. Vol. 1: Methodology an African prehistory (1990), Vol. 2: Ancient civilisations of Africa (1990), Vol. 3: Africa from the seventh to the eleventh century (1992), Vol. 4: Africa from the twelfth to the sixteenth century (1997), Vol. 5: Africa from the sixteenth to the eighteenth century (1999), Vol. 6: Africa in the nineteenth century until 1880 (1998), Vol. 7: Africa under colonial domination 1880-1935 (1990), Vol. 8: Africa since 1935 (1999). London.

Afrika alte Geschichte

Feldbauer, Peter; Liedl, Gottfried. Die islamische Welt 1000 - 1517. Wirtschaft, Gesellschaft, Staat. Wien 2008.

Garlake, Peter. Afrika und seine Königreiche. Luzern 1975.

Jaspert, Nikolas. Austausch-, Transfer- und Abgrenzungsprozesse. Der Mittelmeerraum. In: Ertl, Thomas; Limberger, Michael (Hg.). Die Welt 1250 - 1500. Wien 2009.

Loimeier, Roman. Afrikas Eintritt ins Weltsystem. Das sub-saharische Afrika. In: Ertl, Thomas; Limberger, Michael (Hg.). Die Welt 1250 - 1500. Wien 2009.

Oliver, Roland; Atmore, Anthony. Medieval Africa 1250 - 1800. Cambridge 2001.

Sonderegger, Arno. Ursprung des Menschen. Mythos und Wirklichkeit paläoanthropologischer Herkunftsmodelle. In: Stichproben. Wiener Zeitschrift für kritische Afrikastudien 1/2001. Wien 2001.

Steffelbauer, Ilja; Hakami, Khaled; Neubauer, Tamara. Jenseits der Zivilisation. Nichtstaatliche Gesellschaften und die Anfänge der Geschichte. In: Historische Sozialkunde 2/2009. Wien 2009.

Afrika Geschichte Neuzeit

Eckert, Andreas; Grau, Inge; Sonderegger, Arno (Hg.). Afrika 1500 - 1900. Geschichte und Gesellschaft. Wien 2010.

Freitag, Ulrike. Zwischen imperialer Festigung und kolonialer Durchdringung. Vorderasien und Nordafrika. In: Mann, Michael (Hg.). Die Welt im 19. Jahrhundert. Wien 2009.

Grau, Ingeborg. Lokale Entwicklungen, Assimilation und Marginalisierung. Afrika südlich der Sahara. In: Feldbauer, Peter; Lehners, Jean-Paul (Hg.). Die Welt im 16. Jahrhundert. Wien 2008.

Harding, Leonhard. Geschichte Afrikas im 19. und 20. Jahrhundert. Oldenbourg Grundriss der Geschichte. München 2006.

Harding, Leonhard. Ein langes Jahrhundert. Afrika. In: Mann, Michael (Hg.). Die Welt im 19. Jahrhundert. Wien 2009.

Liedl, Gottfried. Vernunft und Utopie. Die Méditerranée (1350 - 1650). In: Feldbauer, Peter; Lehners, Jean-Paul (Hg.). Die Welt im 16. Jahrhundert. Wien 2008.

Marx, Christoph. Geschichte Afrikas. Von 1800 bis zur Gegenwart. Paderborn 2004.

Mücke, Ulrich. Der atlantische Sklavenhandel. Globalisierung durch Zwang. In: Edelmayer, Friedrich; Landsteiner, Erich; Pieper, Renate (Hg.). Die Geschichte des europäischen Welthandels und der wirtschaftliche Globalisierungsprozess. Wien, München 2001.

Oliver, Roland. The African experience: from Olduvai Gorge to the 21st century. Boulder 2000.

Oliver, Roland; Atmore, Anthony. Medieval Africa 1250 - 1800. Cambridge 2001.

Reid, Richard J. History of modern Africa: 1800 to the present. Oxford 2009.

Schulze, Reinhard. Reiche und Reichskulturen. Die frühe Neuzeit in der islamischen Welt. In: Feldbauer, Peter; Lehners, Jean-Paul (Hg.). Die Welt im 16. Jahrhundert. Wien 2008.

Afrika 20. Jahrhundert

Ansprenger, Franz. Politische Geschichte Afrikas im 20. Jahrhundert. München 1999[3].

Cooper, Frederick. Africa since 1940: the past of the present. Cambridge 2002.

Eckert, Andreas; Englert, Birgit; Grau, Inge (Hg.). Afrika. Geschichte und Gesellschaft im 20. Jahrhundert. Wien 2010.

Hargreaves, John D. Decolonization in Africa. London 1996.

Marx, Christoph. Geschichte Afrikas. Von 1800 bis zur Gegenwart. Paderborn 2004.

Nugent, Paul. Africa since independence: a comparative history. Basingstoke 2004.

Schicho, Walter. Handbuch Afrika. Bd. 1: Zentralafrika, Südliches Afrika und die Staaten im Indischen Ozean, Bd. 2: Westafrika und die Inseln im Atlantik, Bd. 3: Nordafrika, NO-, Ostafrika und östliches Zentralafrika. Frankfurt, Wien 1999/2001/2004.

Weiss, Ruth; Mayer, Hans. Afrika den Europäern. Von der Berliner Kongo-Konferenz 1884 ins Afrika der neuen Kolonisation. Wuppertal 1984.

Wilson, Henry S. African decolonization. London 1994.

Ziegler, Jean. Afrika: Die neue Kolonisation. Darmstadt 1980 (1978).

Tetzlaff, Rainer. Afrika in der Globalisierungsfalle. Wiesbaden 2008.

Politik

Gyimah-Boadi, Emmanuel (Hg.). Democratic Reform in Africa. The Quality of Progress. Boulder/London 2004.

Fatton, Robert jr. Predatory rule: state & civil society in Africa. Boulder 1992.

Tetzlaff, Rainer; Engel, Ulf; Mehler, Andreas (Hg). Afrika zwischen Dekolonisation, Staatsversagen und Demokratisierung. Hamburg 1995.

Tetzlaff, Rainer; Jakobeit, Cord. Das nachkoloniale Afrika: Politik, Wirtschaft, Gesellschaft. Wiesbaden 2005.

Thomson, Alex. An Introduction to African politics. London 2000.

Wirtschaft

Adedeji, Adebayo; Rasheed, Sadig; Morrison, Melody (Hg.). The human dimensions of Africa's persistent economic crisis. London 1990.

Austen, Ralph. African Economic History. Internal development and external dependency. London 1987.

Hopkins, Antony G. An economic history of West Africa. London 1980.

Gesellschaft

Grill, Bartholomäus. Ach, Afrika: Berichte aus dem Inneren eines Kontinents. Berlin 2003.

Kapuściński, Ryszard. Der Fußballkrieg: Berichte aus der Dritten Welt. Frankfurt am Main 1991.

Kapuściński, Ryszard. Afrikanisches Fieber: Erfahrungen aus vierzig Jahren. Frankfurt am Main 2000.

Kapuściński, Ryszard. König der Könige: eine Parabel der Macht. München 2009.

Kultur

Fillitz, Thomas. Zeitgenössische Kunst aus Afrika: 14 Gegenwartskünstler aus Côte d'Ivoire und Benin. Wien 2002.

Willett, Frank. African art. London 2002.

Lexika/Nachschlagewerke/Atlanten

Africa Who's Who (3rd edition). London 1996.

Afrika (Jahr/siehe jeweils letzte Ausgabe). Politik, Wirtschaft und Gesellschaft in Afrika südlich der Sahara. Hofmeier, Rolf (Hg.). Opladen.

Hofmeier, Rolf; Mehler, Andreas (Hg.). Kleines Afrika-Lexikon. München 2004.

Mabe, Jacob E. Das Afrika-Lexikon. Ein Kontinent in 1000 Stichwörtern. Wuppertal, Stuttgart 2001.

Freeman-Grenville. G.S.P. Chronology of African History. Oxford 1973.

Atlas du continent Africain. Paris 1993.

Register

A

Afrikanischer Sozialismus 126
Afrique Equatoriale Française
(AEF) 114
Afrique Occidentale Française
(AOF) 102, 114
Afrozentrismus 12
Ägypten, vorkoloniale Staaten
24, 52
  Alexandria 24
  Assyrer 24
  Hyksos 24
  Janitscharen 52
  Mameluken 52
  Theben 24
  Tutanchamun 24
Ägypten, Arabische Republik 77,
85, 99, 111ff, 144, 160
Akan 42
Aksum 25ff
Algerien 13ff, 66, 72f, 96, 117ff,
151ff
  Algier 52, 72, 100, 120
Alphabetisierung 91
American Colonization Society 74
Amr Ibn al-As 29
Anarchie 160, 165ff
Angola 47ff, 82, 94, 121, 157, 165
Apartheid 90, 105, 112, 144, 168
Äquatorialguinea 114f, 121
Araber 13, 35, 47, 52ff
Arbeiter 36, 51, 86, 89, 95f, 117, 152
  Arbeitskräfte 51, 58, 85f, 89,
  100, 164
  Lohnarbeit 68, 96, 106
Asante 55, 73
Asantereich 43, 79
Asante, Molefi Kete 10
Äthiopien 17, 20, 28, 33, 60, 82,
99ff, 110f, 119ff, 138, 157, 161
Salomoniden 28
Zagwe 28

B

Bantu 21, 48ff, 67
  Bantuwanderung 21, 49, 67
  Bantuexpansion 21, 50
Barnato Diamond Mining
  Company 86
Bauern 21, 23, 34ff, 48ff, 90ff, 69,
106f
  fellahin 133
  Kleinbauern 29, 127, 133f, 148
  Pflanzer 96
Belgien 39ff, 81f, 99ff, 123
Ben Ali, Zine el-Abidine 144
Ben Salah, Ahmed 134f
Benin, Republik 73, 120, 138
Benin, vorkoloniales Reich 43ff
Berber 13, 25ff, 52
Bergbau 37, 45ff, 55, 85ff
Berliner Kongo-Konferenz 75f
Biafra 154
Bildung 63, 84, 91, 129
  Grundschule 105, 111, 130
  höhere Schule 66, 129f
  Universität 105
Bismarck, Reichskanzler Otto
  von 75
Boumedienne, Houari 141
Bourguiba, Habib 134
Botswana 121, 135, 152, 163, 144
Brasilien 46f, 58
Brazza, Pierre Savorgnan de 72
British South African Company
  (BSAC) 86f
Buganda 37, 48, 73
Bunyoro 37, 48
Buren 50f
  Burenkrieg 50f, 77ff, 86
  Großer Trek 51

Burkina Faso 16, 120, 160ff
Burundi 37ff, 99, 120
Byzanz 27ff

C

Cão, Diogo 45
Casement Report 82
Césaire, Aimé 75
Christentum 25ff
  afrikanische Kirchen 27ff, 62ff,
  106, 127, 137
  äthiopische Christen 28
  Donatisten 27
  Kimbangisten / Simon
  Kimbangu 107
  Kopten 27
Churchill, Winston 109f
Commonwealth 110, 116ff
Convention Peoples Party (CPP)
  117f
Côte d'Ivoire 71, 88, 126, 135, 155ff

D

Dahomey, vorkolonialer Staat
55ff, 66
Dahomey, Republik, s. Benin
Dagomba 42
Dakar 108, 114, 142
Dapper, Olfert 9
de Gaulle, Charles 99, 114
Demokratisierung 141ff, 165ff, 168
  Nationalkonferenz 168
  Opposition 35ff, 144, 169
  Wahlen 121, 144, 167f
Deutschland 59, 77ff, 81, 100
Deutsch-Ostafrika 77ff
Deutsch-Südwestafrika 81, 121
Dia, Mahmadou 142
Dias, Bartolomeu 47
Diop, Cheikh Anta 18
Diouf, Abdou 142f

Diskriminierung 106
Dritte Kolonisierung 23ff, 154ff
Dritte Welt 115, 124, 147, 161ff
duale Gesellschaft 89
Dyula 42, 65

E

Einheitspartei 128, 140, 160
Elfenbein 35, 44, 60, 67f
Elfenbeinküste, s. Côte d'Ivoire
Elite 45, 52, 64ff, 71, 104ff, 138
    Bürgertum 66, 144
    Elitenbildung 58, 64, 80, 91,
    135
    Freibeuterbourgeoisie 58
    herrschende Klasse 136, 161
    Pflanzeraristokratie 68ff
Energie 151ff
    Erdöl 151f
    Elektrizität 152
Entente Cordiale 77
Entkolonisierung 110, 117
    Atlantic Charter 109
    Befreiungskriege 154ff
    Panafrikanische Bewegungen
    100ff
Entwicklungsstaat 124f
Entwicklungshilfe 128, 153, 163ff
    Wirtschaftshilfe 137, 148
    Entwicklungszusammenarbeit
    129f, 137
    Entwicklungsdekade 146ff, 154
Eritrea 121, 157
Europäische Expansion 29, 41, 62,
    66f, 93, 106
Eurozentrismus 11

F

Faidherbe, Louis Léon César
    66f, 73
Fante 66

Felsbilder 9, 19
FIDES (Fonds d'investissements
    et de développement
    economique et social) 153
Flüchtlinge 167
Frankreich 13, 47, 59, 62ff, 71, 75ff,
    83, 92, 100ff, 110, 113ff, 142f, 153

G

Gabun 59, 66, 72, 95, 120
Gaddafi, Muammar 161f
Gambia 71, 144, 149
Gao 34
Ge'ez 27
Gelbguss (Guss in verlorener
    Form) 42
Geld 34
    Kaurischnecken 46, 60
    Maria-Theresienthaler 60
Gewerkschaften 142
Ghana, vorkoloniales Reich 33, 42f
Ghana, Republik 61, 66, 79, 88ff,
    95, 102, 105, 117ff, 120
global players 137, 152ff, 160, 164,
    169
Globalisierung 15, 17, 54, 164
    Weltsystem 12, 14, 111, 124f
Goldküste, s. Ghana, Republik
Griechen 24
Großbritannien 47, 56, 59, 67, 75ff,
    83, 96, 100ff, 111ff, 135
Großgrundbesitzer 27, 91, 134, 148
Guinea 65, 115, 120, 138
Guinea-Bissau 121, 157

H

Haile Selassie 29, 112
Handel 10, 24, 31ff, 41ff, 53, 152
    Welthandel 93, 145,
    Vermarktung 103, 148ff
    Handelsgesellschaften 54, 60f

Kaufleute 54
    terms of trade 54, 95
Haley, Alex 56f
Hassan II. 144
Hausa 34, 42
    Hausastaaten 42
Hegel, Georg Wilhelm Friedrich
    10f
Hirten 36f, 39, 48
Holz 24f, 33ff, 42, 59, 88, 95
Hominiden 17ff
    Afarmensch 17
    Tschadmensch 17
    Australopithecus 17
    homo erectus 17
    homo habilis 17
    Lucy 17f
homo sapiens 18
    Blombos cave 18
Houphouët-Boigny, Félix 113f
Hutu (Bahutu) 38f

I

Ifriqiya 29
Imperial East Africa Company 71
Imperialismus 11f, 62ff, 75ff, 80,
    110
Indirekte Verwaltung 83
    indirect rule 48, 71, 105
Indische Ozean 62, 67ff, 71, 99, 128
Industrie 19, 51, 102f, 124, 152, 157
    Aluminiumschmelze 153
    Ersatzgüterproduktion 103
Islam 29ff, 33, 64
    Muslim(e) 13, 31ff, 42, 52, 65
    Islamisierung 28ff, 35ff, 41ff
    Schiiten 30
    Sunniten 30
Italien 81ff, 99, 101ff, 112, 150

J

Jäger und Sammler 19, 37, 48
Juden 13

K

Kabiye 132, 170
Kabylen 81
Kagame, Alexis 39
Kairo 132
Kairouan 31
Kalifat von Sokoto 65
Kamerun 65, 75, 120, 153
Kampala 105
Kanarische Inseln 119
Kap Verde (Kapverdische Inseln) 121
Karibik 58
Karthago 14, 22, 25ff, 33,
Katanga 102, 107, 150ff
Kenya 35ff, 46, 82, 86, 96, 117, 120, 132ff, 145ff, 169
Kenyatta, Jomo 136
Khaldoun, Ibn 9
Khoikhoin 21, 49, 51
Kikuyu 117, 136
Kilwa Kisiwani 36, 67
Kinshasa 132
Kolonialismus 12, 26, 71ff, 75, 80ff, 113ff, 157ff
    Empire 116
    Kolonisierte 74, 80ff, 92, 104ff
    Kolonisation 13f, 39, 71ff, 124ff, 135ff
    Überseeterritorien 113ff
    Assimilation 90
    Assoziation 90
    Colony 71
    Hochkolonialismus 63, 77ff, 100ff
    Koloniale Frühzeit 13, 36, 64, 79f, 85, 94

Protectorate 71
Kolonialgesellschaften 38, 48, 61, 79, 81
    Raubkolonialismus 66, 72, 83, 93
    terra nullius 79
    Wohlfahrtskolonialismus 110ff
Komoren 68, 121
Konferenz von Brazzaville 110
Kongo, vorkoloniales Reich 75
    Bakongo 154
    Manikongo 45
Kongo-Brazzaville, Republik Kongo 72, 119f, 149, 161
Kongo-Kinshasa, Demokratische Republik 151ff, 160
    Ostkongo 81ff, 95, 99, 105, 136f, 167ff
Königtum 24
Korruption 84, 129, 133, 152, 162ff
Kufra 33, 70
Kusch 24f

L

Lagos 62, 66ff, 155
Lalibela 28
Landverteilung 77ff
    Landgesetze 87
Landwirtschaft 21f, 31, 45, 57, 74, 88, 97, 103
    agrarische Exportgüter 133ff, 147ff
    Subsistenzproduktion 149
    Monokultur 85, 149
    Plantagen 46, 54f, 68, 85, 106, 114
    Terrassenfelder 21
Leopold II. von Belgien 63, 75, 111
Lesotho 121, 160
Liberia 144, 160, 165
Lobengula, König 86f
Lubumbashi 92

Lugard, Sir Frederick 65, 72
Lumumba, Patrice 119, 123
Libyen 9, 29, 81, 99, 119, 152, 161
    Tripolis 52f

M

Maasai 48, 67
Madagaskar 35, 49, 120, 135
Maghreb 29f, 53
Maji Maji-Krieg 79
Makonde 126, 165
Malawi 120
Mali, vorkoloniales Reich 33f, 41
    Djenne 33
Mali, Republik 108, 120, 133
Mandela, Nelson 168f
Mansa Musa 34, 41
Marokko 32ff, 53, 75ff
    Alauiten 53
    Almohaden 32
    Almoraviden 31ff
Matabele 86f
MauMau-Revolte 117, 157
Mauretanien 16, 54, 120, 132, 150
Mauritius 47, 68, 121, 144, 163
Mekka 29, 33f
Meroe 22, 24f
Metallbearbeitung 21, 45
    Bronze 22f
    Eisenbearbeitung 22
    Eisenindustrie 19, 22
Migration 38, 98, 170
Militärregime 154ff
Mission, christliche 62ff, 82, 91
    Missionsdienst 62, 91, 105
    Missionare 61, 27, 97
Mittelmeerraum 23, 52
Moçambique 36, 47ff, 82, 94, 157, 165
Mohammed VI. 144
Mombasa 46f, 67
Mossi 42

Mubarak, Hosni 144
Muhammadu Saadu Abubakar,
   20. Sultan von Sokoto 65
Muhammed (Mehmet) Ali 69f
Mungo Park 63

N

Nachtigal, Gustav 72
Nairobi 128ff
Namibia (Deutsch Südwestafrika)
   81, 121, 157
Nasser, Abdel 112f
Neokolonialismus 113ff
Neolithische Revolution 19f
NEPAD (New Economic
   Partnership for Africa's
   Development) 171
Ngouabi, Marien 161
Nicht-paktgebundene Staaten 161
Niederländische Ostindien-
   Kompanie 49ff
Niger, Republik 107f, 120, 133
Niger (Fluß) 75
Nigeria 65, 96, 102, 114, 120, 152ff
Nil 20ff, 32, 63
Nok-Kultur 9, 22
Nordafrika 13, 20, 25ff, 52ff, 69ff,
   95, 102, 119ff, 163
Nordrhodesien, s. Zambia
Nouakchott 132
Nkrumah, Kwame 117f, 126, 152
Nubien 24ff, 33
Nyamwezi 49, 67
Nyerere, Julius Kambarage 126f,
   140

O

Okba Ibn Nafi 29
Oman 46ff, 67
Organisation der Afrikanischen
   Einheit, seit 2000 African

Union 56, 120
Osmanische Reich 13, 48, 52ff, 75
Ostafrika 21, 35ff, 47, 67ff, 77ff,
   145, 169

P

Paläoanthropologie 17
   Polygenese 18
   Monogenese 18
Phönizier 25f
Planwirtschaft 98, 146
Portugal 45ff, 75, 77, 80ff, 92ff, 99,
   105, 110, 156
Prähistorie 9
   Eisenzeit 22
   Höhlenmalerei 9, 19
   Steinzeit 19, 22
Prazeiros 48, 50

R

Ranke, Leopold von 9, 11
Rassemblement Démocratique
   Africain (RDA) 114
Rassismus 13, 90, 106, 108
Rawlings, Jerry 161f
Réunion (La) 68, 119
Rhodes, Cecil 75, 84, 86ff
Roberts, Joseph Jenkins 74
Rodney, Walter 56f
Rom 26f
   Dougga 26
Roosevelt, Franklin D. 102
Rwanda 37ff, 48, 99, 120, 166

S

Sahara 20f, 26, 31f, 34, 53f, 70, 95,
   113, 121, 153, 157, 163
Samori Touré 65
San 21, 51
Sandawe 48

Sankara, Thomas 161f
Sankt Helena 119
Sanusiyya 70
São Tomé e Príncipe 41, 46, 58, 121
Schmiede 60, 132f
Scramble for Africa 77
Senegal 42, 45, 54, 61ff, 71, 88, 95,
   113f, 120, 142ff, 169
Senghor, Léopold Sedar 113f, 141ff
Serer 42
Shaka 51
Sidiq Abubakar III, 17. Sultan von
   Sokoto 65
Siedlerkolonie 62, 85, 95, 117, 148
Siedler 13, 21, 49f, 74, 82, 87, 96,
   108, 112ff, 134
Sierra Leone 59, 62, 74, 120, 160,
   165
Sijilmasa 32
Sklaverei 55ff
   Anti-Sklaverei-Bewegung 59,
   66, 71
   Atlantischer Handel 59f, 64
   Besitzsklaverei 59, 68
   Sklavenhandel 54, 59ff, 89
   Sklavenküste 55, 67
slum clearing 165
Sociétés Indigènes de Prévoyance
   (SIP) 97
Somalia 99, 110, 160, 165
Somaliland 28, 120, 154
Sotho (Basotho) 49
Spanien 30f, 46, 52, 80f, 92
Staat 41ff, 124ff, 145ff
   autoritärer Staat 140ff
   Präsidialregime 135f
   Bürokratie 84, 136, 159
   Einheitspartei 128, 140, 160
   Mehrparteiensystem 121, 127,
   141ff
   Militärregime 64ff
Stanley, Henry Morton 41
Sudan 41, 75, 77ff, 116, 136, 165

Südafrika, Republik
(Südafrikanische Union)
80, 85ff, 90, 101ff, 112, 119, 131,
144, 168f
Kapprovinz 51, 86
Natal 47, 51
Oranje Freistaat 49, 51
Transvaal 49, 51
Süd-Kamerun-Gesellschaft 84
Südrhodesien, s. Zimbabwe
Sundiata 33
Swahili (Waswahili) 35f, 47, 67
Stadtstaaten Ostküste 35f, 47
Swaziland 121, 144

T

Tanzania 35, 48, 120, 126, 135,
140ff, 156, 169
Tanganyika 102, 120
Timbuktu 32ff, 63
Togo 21f, 55, 82, 120, 127, 132, 160,
170
Tordesillas, Vertrag von 46, 77
Tourismus 134, 144
Toussaint-Louverture, François-
Dominique 58
Transport 16, 32, 89, 95ff, 105, 131,
145
Eisenbahn 62, 83
Hafenanlagen 43
Schiffe 61
Straßenbau 62
Träger 62
Tragtiere 62
Transsaharahandel 26, 53f
Treuhandgebiet 110f
Tschad 34, 65, 70, 120, 159f
Tschadsee 33f, 70
Tswana 49
Tunesien 134f, 144
Tunis 26, 33, 52
Tutsi 38f

U

Umwelt 15, 19f
Dürre 133, 149
Bodenerosion 149
Überschwemmungen 15ff, 133,
149
Uganda 48, 73, 82, 103ff, 120, 130
Ujamaa, s. Afrikanischer
Sozialismus
Unabhängigkeit 56, 108ff, 118,
123ff, 145ff
Befreiungsbewegungen 119,
121, 154ff
Unabhängigkeitskampf 80,
118, 121, 154ff
USA 161, 165
Usman dan Fodio 65

V

Vasco da Gama 14, 47
Vereinte Nationen 110, 125, 167
UNO 110f, 146, 154, 161, 167, 170
Blauhelme 167
Sicherheitsrat 125, 167
Völkerbund 101, 104, 111

W

Wade, Abdoulaye 142f
Wangari Maathai 171
Weltbank 12, 143, 171
Weltkrieg 80f, 99ff, 154ff
Erster Weltkrieg 80f, 84, 92ff
Zweiter Weltkrieg 80f, 93, 99ff,
102, 109ff, 167
Afrikanischer Weltkrieg 166f
Weltwirtschaftskrise 95ff
Westafrika 41ff, 56, 60ff, 71ff, 84,
99, 102ff, 165
West-Sahara (Dem. Arabische
Republik Sahara) 157
Wirtschaft 84ff, 93ff, 145ff, 168
Wolof-Staaten 42, 54ff, 66

Y

Yoruba 43, 55

Z

Zaire, s. Kongo, Demokratische
Republik
Zambia 87ff, 120, 156
Zanzibar 36, 61, 67ff, 73, 120
Zentralafrika, geographische
Region 37, 44, 47, 61, 77, 165
Zentralafrika, Republik 81, 120,
167
Zimbabwe, Gross-Zimbabwe 36f
Zimbabwe, Republik 49, 88, 157,
169
Zivilgesellschaft 136ff, 168ff
Zulu 51, 66
Zwischenseengebiet 37f, 47f, 75

Bildnachweis

Ägyptisches Museum Berlin/Zach, M.: 23; akg-images /Lessing, Erich: 34; akg-images: 53, 108; Englert, B, Wien. : 36, 67, 139; Fotolia: 88; Geografisches Institut Wien/Husa, K.: 16; Gottschligg, Peter, Wien: 74, 128; Hofmann, I./Zach, M., Wien: 26; Institut für Afrikawissenschaften: 37, 127; Krenceyova, Misa: 131; Lechner, Christina, Bozen: 130; Melber, Henning, Uppsala: 80; picture alliance/akg-images: 9, 13, 17, 28, 35, 38/39, 40, 41, 42, 43, 44, 46, 56, 59, 63, 65, 66, 69, 73, 76, 77, 82, 87, 90, 94, 97, 101, 103, 104, 107, 112, 114, 118, 120, 121, 122, 123, 134, 137, 143, 145, 148, 151, 155, 158/59, 162; picture alliance/Almasy, Paul: 89, 150; picture alliance/epa/Bothma, Nic: 166; picture alliance/Forman, Werner: 8; picture alliance/Gambarini, Mauricio: 167; picture alliance/Genet, François: 24; picture alliance/Lissac, Philippe/ GODONG: 30; picture alliance/Press Association: 168; picture alliance/Riehler, Michael: 31; picture alliance/AFP Sanogo: 152; picture alliance/epa/Szenes, Jason: 125; picture alliance/Toedt, Matthias: 20; Tanzania Information Services, Dar es Salam: 140; Universitätsbibliothek Wien/Stich Peter Kolb: 14; 50; Universitätsbibliothek Wien: 68; Universitätsbibliothek Wien/ Claude Rozet: 72; Universitätsbibliothek Wien/Hahn, Wolfgang: 60; Universitätsbibliothek Wien/Ossendowski, Antoni Ferdy: 62; Schicho, Walter: 21, 22, 111, 133, 170; Schicho, Walter/Englert, B.: 36, 67, 139; Schicho, Walter/Luisi, B.: 83, 126, 164; Zach, M. 25.

Verlag und Autor danken allen Leihgebern für die Bereitschaft, Bildmaterial für diese Publikation zur Verfügung zu stellen. Leider war es nicht in allen Fällen möglich, die Inhaber der Urheberrechte zu ermitteln. Etwaige Ansprüche kann der Verlag bei Nachweis entgelten.

Bibliografische Information der Deutschen Nationalbibliothek
Die Deutsche Nationalbibliothek verzeichnet diese Publikation in der
Deutschen Nationalbibliografie; detaillierte bibliografische
Daten sind im Internet über http://dnb.d-nb.de abrufbar.

Umschlaggestaltung: Stefan Schmid Design, Stuttgart, unter Verwendung
von Abbildungen von picture alliance: Sudanesenkompanie/Foto Deutsch-Ostafrika,
1891. Höhlenmalerei in der südlichen Region der Ostsahara/ picture alliance/
Matthias Toedt. Nelson Mandela/ picture alliance/Kim_Ludbrook. Maasai/ picture
alliance/Fritz Pölking.

© 2010 Konrad Theiss Verlag GmbH, Stuttgart
Alle Rechte vorbehalten
Lektorat : Ulrike Burgi, Köln
Kartografie: Astrid Fischer-Leitl, München
Reihen-Gestaltung: Katrin Kleinschrot, Stuttgart
Satz und Repro: reproteam siefert, Ulm
Druck und Bindung: Offizin Andersen Nexö, Leipzig
ISBN 978-3-8062-2240-1

Besuchen Sie uns im Internet: www.theiss.de